공부! 공부! 공부!
공부 없는 세상은 없~~없~~을까?

엄마는 나보다 공부가
더 좋은가 보다…….

나도 공부를
잘할 수 있을까?

1판 1쇄 인쇄 | 2025년 6월 11일
1판 1쇄 발행 | 2025년 6월 23일

원작 | 뚜식이
감수 | 샌드박스네트워크
감수 및 과학 콘텐츠 | 이슬기
글 | 최유성
그림 | 신혜영
발행인 | 심정섭
편집인 | 안예남
편집 팀장 | 최영미
편집 | 한나래, 이수진
구성 및 디자인 | 윤보현
브랜드마케팅 | 김지선
출판마케팅 | 홍성현, 김호현, 신재철
제작 | 정수호

발행처 | (주)서울문화사
등록일 | 1988년 2월 16일　**등록번호** | 제2-484
주소 | 서울특별시 용산구 새창로 221-19(한강로2가)
전화 | 02-791-0708(구입) 02-799-9148(편집) 02-790-5922(팩스)
출력 및 인쇄 | 에스엠그린

ISBN | 979-11-7371-439-9
　　　　 979-11-6923-460-3 (세트)

ⓒ뚜식이, ⓒSANDBOX NETWORK Inc. ALL RIGHTS RESERVED.

※파본은 구입처에서 교환해 주시기 바랍니다.

추천의 글

뚜식이와 함께하는
재미있는 과학 이야기!

여러분은 어떤 이야기를 좋아하나요?

이 책의 주인공 뚜식이처럼 게임 이야기를 좋아하나요? 아니면, 뚜순이처럼 멋진 연예인 이야기를 좋아하나요?

저는 우리 생활 곳곳에 숨어 있는, 그리고 인간과 떼려야 뗄 수 없는 분야, 바로 '과학 이야기'를 좋아합니다. 자연, 동물, 인간 등 이 세상의 모든 것을 이해하기 위해서 과학은 매우 중요한 분야이지요.

〈뚜식이의 과학 일기〉 시리즈는 엉뚱하고 귀여운 뚜식이를 통해 다양한 과학 이야기를 재미있게 보여 줍니다. 똑소리 나는 뚜순이처럼 흥미진진한 과학 지식도 쏙쏙 담아냈지요. 특히 일기 형식의 스토리로 독자들에게 깊은 공감을 얻고, 곳곳의 알찬 정보로 독자들을 자연스럽게 스며들게 합니다. 지루할 틈 없이 등장하는 재미있고 기발한 내용의 만화는 정말 큰 웃음을 줍니다.

이 시리즈를 통해 뚜식이, 뚜순이는 물론 알면 알수록 재미있는 과학과도 한층 가까워져 보세요.

　〈뚜식이의 과학 일기 - 진짜 공부 VS 가짜 공부〉에서는 **공부를 하면서 생기는 다양한 궁금증과 고민**을 쉽고 재미있게 풀어 나갑니다. 뚜식이와 친구들이 공부를 하면서 겪는 여러 에피소드를 보면서 깊은 공감과 재미를 느낄 수 있을 거예요. 무엇보다, 공부에 대한 고민과 스트레스를 해소하기 위한 전문적인 지침과 해결 방안을 뚜식이 특유의 엉뚱함으로 재미있게 제시한 것이 가장 큰 장점이라고 할 수 있지요.

　두근두근 시험 공포증, 게임처럼 공부하는 게이미피케이션, 공부만 하려면 정리정돈이 하고 싶은 이유 등 공부와 관련된 여러 궁금증에 대해 쉽고 재미있게 알려 주고, 디지털 기억 상실증, 메타인지 활용법, 작업 기억 능력 높이기 등 공부와 우리 뇌에 관한 흥미진진한 과학 이야기도 빼놓지 않았답니다.

　공부를 잘하고 싶은데 방법을 몰라 고민인 친구들, 또는 공부 자신감을 잃어 속상한 친구들 모두 〈뚜식이의 과학 일기 - 진짜 공부 VS 가짜 공부〉를 읽어 보세요. 뚜식이와 함께 웃다 보면 **유익하고 재미있는 공부법을 알게 되고 자신감도 생겨 공부와 가까워질 수 있을 것**입니다.

수인재두뇌과학센터 수석소장 이슬기

차례

첫 번째 일기
나 지금 떨고 있니? · 12

뚜식이의 공부 도전 일지
수학 일기 쓰기 · 28

두 번째 일기
내가 아는 건데, 왜 틀렸을까? · 30

뚜식이의 동물 연구 일지
지능이 높은 동물 · 50

 **과학 호기심**
공부와 뇌를 알아볼까요? · 52
뚜식이를 시험에 들게 하는 시험공부 · 54

세 번째 일기
왜 안 깨운 거야? · 56

뚜식이의 엉뚱한 인터뷰
시험에 관한 속설 · 70

네 번째 일기
놀면서 공부하는 방법이 있다고? · 72

천평이의 관찰 일지
공부 영상의 효과 · 82

 **과학 호기심**
공부 빼고 다 재미있는 이유 · 84
벼락치기를 하면 금방 잊는 이유 · 86

다섯 번째 일기
전설의 공책을 찾아서~! · 88

동만이의 몸 튼튼 운동 일지
달리기, 수영, 자전거 타기, 춤추기 · 104

여섯 번째 일기
내 귀에 벌레가? · 106

뚜식이의 호기심 탐구 일지
음악과 기억력 · 120

 과학 호기심
TV도 보고 공부도 하고? · 122
나를 성장시키는 경쟁 심리 · 124

일곱 번째 일기
공부를 하려고 하면 왜 정리가 하고 싶을까? · 126

뚜식이의 엉뚱한 연구 일지
공부가 잘되는 장소 · 140

여덟 번째 일기
내 머릿속 지우개 · 142

뚜식이의 호기심 연구 일지
기억력에 도움이 되는 음식 · 156

 과학 호기심
심리적 반발심을 극복하는 방법 · 158
기억력에 대한 비밀 · 160

뚜식이 과학 신문 · 163
진짜 공부 VS 가짜 공부 능력 평가 · 168

첫 번째 일기

나 지금 떨고 있니?

띠리리리~!

알람에 눈을 떴다.

다행히 꿈이었다. 하마터면 수학 유령이랑 초등학교 수학 교과서를 전부 풀어 볼 뻔했다. 솔직히 유령보다 수학 문제를 풀어야 한다는 게 더 무서웠다.

도대체 왜 이런 꿈을 꾼 거지?

아! 천평이 때문이다!

어제 천평이가 수학 문제를 알려 달라며 나를 찾아왔을 때 나는 그 문제를 풀지 못해서 쩔쩔맸다. 정답지를 슬쩍 보며 어찌어찌 풀기는 했지만, 초등학교 수학 문제를 풀지 못한 것에 큰 충격을 받았다.

뚜식이 형, 저 수학 문제 좀 풀어 주세요.

충격~!!!

사실 요즘 수학 성적이 많이 떨어졌다. 그래서 학교에서 수학 시간이 점점 무섭고 싫어지고 있다. 이러다 '수학을 포기하고 수포자가 되는 건 아닐까'라는 생각에 덜컥 겁도 났다.

나는 뚜순이 누나의 방문을 두드렸다.

 누나, 수학 성적이 점점 떨어져서 고민인데 어떻게 하면 수학 성적을 올릴 수 있을까?

야, 김뚜식! 네가 더 떨어질 수학 성적이 있냐?

동생이 진지하게 고민을 이야기하는데, 이러기야?

미안, 네가 너무 진지해서 장난 좀 친 거야. 근데 나도 수학이 무서울 때가 있었어. 그땐 수학 문제만 봐도 가슴이 쿵쾅쿵쾅 뛰고 식은땀까지 났거든.

항상 자신감 넘치는 뚜순이 누나도 공부 때문에 힘들 때가 있었다는 말에 조금 놀랐다.

 그런데 어떻게 극복했어?

 주변에서 **수학 불안**을 줄여야 한다고 조언해 줬어. 그래서 수학 불안을 줄이기 위해 노력했더니 점점 공부할 힘이 생기더라고.

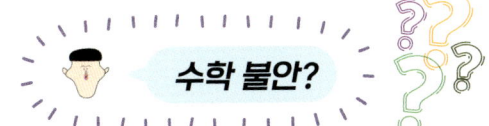

 수학에 대한 불안한 마음은 수학이 어렵다고 생각해서 생기는 거래. 그 불안한 마음 때문에 **수학적 사고**가 더 안 되는 거고.

 그럼, 어렵다고 생각하지 않으면 어려운 수학 문제도 척척 풀리는 마법 같은 일이 벌어지는 거야?

 푸하하! 그건 아니지~~!!

> **수학적 사고**
> 문제를 분석하고 해결책을 찾는 능력으로, 논리적으로 생각하는 힘을 말한다.

자신의 실력 안에서 큰 실수 없이 풀게 된다는 거지.

아~!

긴장을 하면 실수를 하게 되니까 시험 볼 때는 이렇게 생각하기로 했어.

아는 문제를 실수로 틀리지 않게 마음을 차분하게 하자!

현재의 내 실력으로 풀 수 없는 어려운 문제 때문에 초조해하지 말자!

쉬운 문제라도 집중해서 풀고 다시 한 번 검토하자!

그랬더니 점점 수학에 자신감이 생기더라고~.

뚜순이 누나는 고등학생이 되어서 첫 시험을 앞두고 엄청 긴장을 했다고 한다.

고등학교 수학은 무척 어렵다던데….

첫 시험을 망치면 어떡하지….

아~

시험 생각만 하면 너무 떨려….

그런 걱정이 머릿속에서 떠나질 않으니까 수학에 대한 불안이 다른 과목에도 영향을 줬어. 그러다 수학 불안이 조금씩 해결되니 자연스럽게 다른 과목에 대한 불안도 사라졌지.

누나는 '할 수 있다.'는 자신감을 가지고 쉬운 것부터 차근차근 공부하다 보니, 수학에 대한 불안감이 조금씩 사라졌다고 했다.

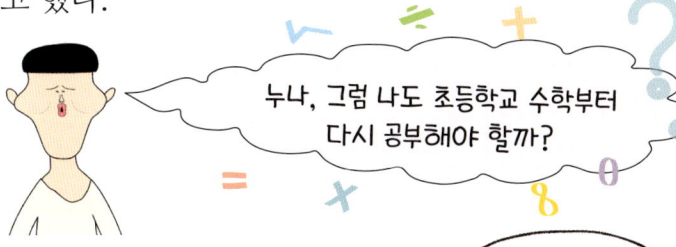

누나, 그럼 나도 초등학교 수학부터 다시 공부해야 할까?

나는 어젯밤 꿈에서 수학 유령이 가지고 왔던 초등학교 수학 교과서가 떠올랐다.

 초등학교 수학? 엥?

 사실은 어제 천평이가 수학 문제를 풀어 달라고 왔는데, 내가 못 풀어서 조금 창피했거든.

천평아, 형이 눈이 아파서 수학 문제 푸는 거 못 도와줄 거 같아.

정답지는 어디에 있지?

그건 뚜식이 네가 수학 자신감이 떨어졌기 때문에 긴장해서 그럴 거야.

　누나는 중학교 수학 교과서의 문제를 꼼꼼히 풀어 보며 현재의 내 실력을 파악하는 것이 중요하다고 했다. 그런 다음 주변의 전문가를 만나서 나의 고민을 이야기해 보고 조언을 받는 것을 추천했다.

 내 주변?

 응, 뚜식이 네 주변에서 수학을 가장 잘하는 사람이 누구야?

　나는 내 친구들을 떠올렸다.

　*유유상종이라고 했던가? 내 친구들 역시 나와 크게 다르지 않았다.

 *유유상종 : 같은 무리끼리 서로 사귐.

내가 쉽게 떠올리지 못하자 뚜순이 누나가 말했다.

 너희 학교 수학 선생님!

 아하! 수학 선생님이 계셨구나!

 선생님께 상담을 요청해 봐. 그리고 나도 수학을 잘하지는 못하지만, 도울 수 있는 건 도와줄게.

어제는 누나랑 서로 피자를 더 많이 먹겠다며 싸웠는데, 오늘은 이렇게 공부에 도움을 주다니! 역시 누나는 다르구나 싶었다.

이제 김뚜순이라고 이름 부르지 말아야지.

얼마 뒤, 나는 수학 선생님께 상담을 요청했다. 평소 수학 선생님은 무척 무서워 보였는데, 간식까지 챙겨 주시며 내 이야기를 들어주셨다.

 선생님, 저는 수학 머리가 나쁜가 봐요.

특히 수학 공부는
건물을 짓는 것과 같아.
빨리 완성하려고 서두르다가
기초를 튼튼히 쌓지 않으면
완성도 하기 전에
문제가 생길 수 있지.
건물을 완성하더라도
튼튼하지 못한
위험한 건물이 될 거야.

 수학은 어느 한 곳이라도 구멍이 생기지 않게 차근차근 공부해야 해.

 어떻게 해야 구멍이 생기지 않는데요?

 수학 공부는 이렇게 해 보렴.

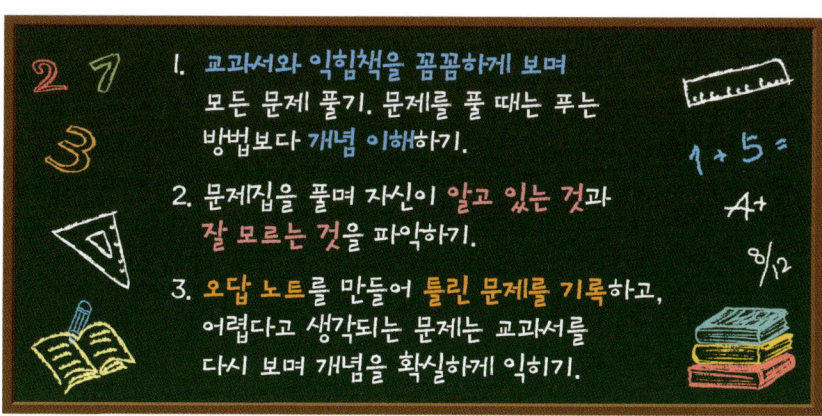

1. 교과서와 익힘책을 꼼꼼하게 보며 모든 문제 풀기. 문제를 풀 때는 푸는 방법보다 개념 이해하기.

2. 문제집을 풀며 자신이 알고 있는 것과 잘 모르는 것을 파악하기.

3. 오답 노트를 만들어 틀린 문제를 기록하고, 어렵다고 생각되는 문제는 교과서를 다시 보며 개념을 확실하게 익히기.

선생님은 수학 공부를 할 때 가장 중요한 건 **생각하는 힘**이라고 하셨다. 생각하는 힘을 길러야 수학 문제를 논리적으로 풀 수 있다고 한다.

수학뿐만 아니라 다른 과목을 공부할 때도 교과서를 꼼꼼하게 보는 것이 가장 중요하다고 하셨다.

선생님과 상담을 마치고 상담실을 나오는데, 마음이 가벼웠다.

이제 수학 유령이 꿈에 나타나지 않으면 좋겠다. 그 많은 문제집을 푸는 건 정말 싫으니까.

뚜식이의 공부 도전 일지

선생님이 **'수학 일기'**를 쓰면 공부에 도움이 된다고 하셨다.
그래서 찾아보니, 수학 일기는 **내가 공부한 수학 내용**에 대해 쓰는 일기였다.

수학 일기 쓰는 방법

1. 교과서를 보며 공부한 내용 살펴보기
오늘 학교나 학원에서 배운 수학 내용을 살펴본다.

2. 날짜와 제목 쓰기
일기 쓰는 날짜를 쓰고, 공부한 내용에서 가장 중요하다고 생각하는 것을 제목으로 쓴다.

3. 수학 일기 쓰기
배운 내용, 새롭게 알게 된 점, 느낀 점이나 궁금한 점을 쓴다.

일상생활에서 겪은 수학과 관련된 일을 일기로 써도 된다.
직접 겪은 일을 일기에 쓰면 수학 내용이 기억에 오래 남을 뿐만 아니라, 글쓰기 실력도 좋아진다고 한다.

오, *일석이조!

그래서 나는 지난 주말에 있었던 일을 일기로 써 보기로 했다.

*일석이조 : 돌 한 개를 던져 새 두 마리를 잡는다는 뜻으로, 동시에 두 가지 이득을 봄을 이르는 말.

뚜식이의 수학 일기

날짜	2025년 5월 17일	날씨	맑음
제목	누나랑 돈 모아서 치킨 사 먹기		

누나랑 돈을 모아서 치킨을 시켜 먹기로 했다.
치킨 한 마리에 18,000원이고, 반씩 내려면 9,000원이 필요했지만 나에게는 8,000원뿐이었다. 그래서 누나가 2,000원어치 더 먹기로 하고 10,000원을, 그리고 내가 8,000원을 냈다.

 내가 2,000원어치 더 먹어야 하는데 어떻게 치킨을 나누지?

 얘들아, 치킨을 조각내서 각각 무게를 재 보면 어떠니?

하지만 무게를 잴 저울이 없었다. 그때 엄마가 집에 오셨다.

 얘들아, 엄마가 치킨 사 왔어.

와~, 치킨이 두 마리가 되었다. 할아버지와 엄마는 치킨을 안 드신다고 해서 누나와 나는 치킨을 한 마리씩 먹을 수 있었다. 정말 행복했다.

두 번째 일기

내가 아는 건데, 왜 틀렸을까?

다음 날, 아침이 되었다.
 겨우 일어나서 학교에 갔는데, 담임 선생님이 진지한 표정으로 말씀하셨다.

반 아이들의 탄성이 터졌다.
 아! 그래서 요즘 엄마가 공부, 공부 하셨구나!

 평소에 열심히 했다면 잘 볼 수 있으니까 너무 긴장하지 마.

이런! 평소에 열심히 했어야 잘 볼 수 있는 거구나!

그럼 난 이번에도 망한 건가?

수업이 끝나고 친구들과 함께 교문을 나섰다.

 아~, 초등학생 때가 좋았는데~.

내가 투덜대자 친구들도 맞장구를 쳤다.

맞아, 초등학생 때는 공부 스트레스가 없었는데…….

 얼마 전에 뉴스에서 봤는데, 우리나라 학생들의 *행복 지수가 세계에서 최하위래.

 최하위? 그럼 거의 꼴찌라는 거네?

 왜 꼴찌인지 알 거 같아.

 우리가 이렇게 스트레스 받는 걸 보니 꼴찌 맞네.

얘들아, 공부에 집중하려면 이런 스트레스를 없애야 하지 않을까? 그런 의미로 매운 마라탕 어때?

좋아, 좋아!

마라탕을 주문하고 기다리는데, 봉대가 말했다.

 얼마 전에 아는 형한테 공부 잘하는 비결 두 가지를 들었는데, 너희한테도 알려 줄게.

역시 스트레스에는 매운 게 최고지!

마라탕

 *행복 지수 : 얼마나 행복한가를 측정하는 지수.

공부 잘하는 비결이라는 말에, 우리 모두 귀가 쫑긋 해졌다.

첫 번째는 **작업 기억 능력**을 높이는 거고, 두 번째는 **메타인지**를 활용하는 거래.

시험이 얼마 남지 않았을 때는 작업 기억 능력보다는 메타인지를 활용하라고 했어.

작업 기억 능력 높이기

메타인지 활용하기

메타인지
나를 관찰하는 능력

 메타인지가 뭔데?

 자기가 알고 있는 것과 모르는 것을 파악해, 문제점을 해결해 나가는 능력이래.

 '너 자신을 알라'는 말인가?

내 말에 친구들이 웃었다.

 맞네! 나 자신을 알아야 아는 것과 모르는 것을 구분하지. 그런데 메타인지가 시험이랑 무슨 상관이야?

공부를 하다 보면 정확한 개념을 파악하지 못했으면서 스스로 알고 있다고 착각하고 넘어가는 경우가 많아.

 아하~! 그래서 분명히 알고 있다고 생각한 건데, 시험에 나오면 틀릴 때가 있는 거구나!

 근데 내가 정확히 아는지 모르는지를 어떻게 확인해?

여러 문제를 풀어 보면서 확인할 수도 있고, 다른 사람에게 내가 알고 있는 것을 설명해 보면 내가 얼만큼 알고 있는지 깨달을 수 있대.

 오~, 서로에게 선생님이 되어 설명해 보면 되겠네?

 그럼, 우리 시험공부 같이하자.

- 메타인지 공부법 -

1. 내가 모르는 것 파악하기: 문제집을 풀거나 다른 사람에게 설명하면서 자신이 무엇을 모르는지 파악한다.

2. 계획 세우고 실천하기: 부족한 부분을 언제, 어떻게 보완할지 계획을 세우고 실천한다(예: 하루 1시간씩 교과서 꼼꼼히 읽고 문제집 10장씩 풀기).

3. 공부 일지 쓰기: 계획을 실천한 후에는 일지를 써서 계획이 잘 실천되었는지 파악하고 실천하지 못한 부분에 대해서는 다시 계획을 세운다.

우리는 한 과목씩 맡아서 공부한 뒤 토요일에 봉대네 집에 모여서 각자 공부한 내용을 설명하기로 했다.

그리고 어느덧 시간이 흘러 금요일이 되었다.

 얘들아, 내일 약속 잊지 않았지? 공부는 많이 했어?

 오늘 가서 하면 되지~.

나는 집에 와서 게임을 하다가 자기 전에 교과서를 펼쳤다.

 어? 이 내용 기억나! 수업 시간에 선생님이 이거 설명하면서 농담도 하셨어. 이렇게 기억나는 거는 더 공부하지 않아도 되겠다!

교과서를 쓱 훑어 보는 데 딱 15분 걸렸다.

다음 날, 우리는 봉대네 집에 모였다.
　봉대 어머니께서 우리를 위해 방을 교실처럼 꾸며 주셨다.

얘들아, 너희가 서로 선생님이 되어 주기로 했다고 해서 빈방을 교실처럼 꾸며 봤어.

 와~, 이렇게 좋은 교실은 처음 봐요!

봉대 어머니가 웃으며 나가셨다.

 자, 누구부터 할까?

나는 자신 있게 앞으로 나갔다.

 나는 과학 시험 범위인 '전기와 자기'를 공부했어. 마찰 전기와 정전기에 대해 설명할 거야.

 오~! 김뚜식 멋있다.

나는 손을 들어 보이며 설명을 시작했다.

 마찰 전기는…….

그런데 갑자기 머릿속이 텅 비어 버린 것 같았다.
어랏! 분명 알고 있는 건데, 왜 설명을 못하겠지? 나는 준비해 온 책받침으로 머리카락을 비비며 말했다.

 이렇게 막 문질렀을 때 생기는 거 있잖아…….

어? 자기장의 방향을 손가락으로 표시하는 걸 어디서 봤는데, 왜 기억나지 않지? 손을 이렇게 했던가? 아니면 이렇게?

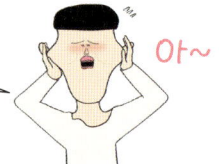

얘들아, 미안~. 분명히 아는 건데 설명하려고 하니까 갑자기 헷갈려.

 뚜식아, 긴장해서 그런가 봐. 내가 해 볼게. 나는 선사 시대에 대해 공부했어. 선사 시대는…….

봉대가 잠시 말을 멈추었다.

 선사 시대와 그 이후를 구분할 때는 기준점이 되는 게 있는데…….

또 잠시 침묵이 흘렀다.

뭐였더라. 분명히 교과서에서 봤는데…….

그때 마이클이 작은 소리로 말했다.

혹시, 문자와 기록?

맞아! 문자의 발명과 기록! 문자를 발명해서 역사를 기록하기 이전의 시대가 선사 시대야.

봉대도 나와 크게 다르지 않았다. 동만이와 마이클도 도전해 봤지만, 모두 실패……!

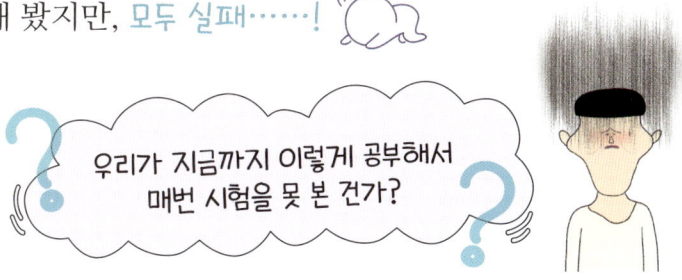

내가 지금까지 시험 성적이 좋지 않았던 이유는 어떤 개념을 명확하게 알지 못하면서 잘 알고 있다고 착각을 하고 넘어갔기 때문이었다.

그때 봉대 어머니가 들어오셨다.

 얘들아, 공부하느라 힘들 텐데 나와서 고기 좀 먹어.

오~, 봉대네 소고기!

결국 우리는 공부는 못 하고 배불리 먹기만 하고 헤어졌다. 하지만 메타인지를 통해 우리가 모르는 것이 무엇인지 알 수 있는 유익한 시간이었다.

나는 집에 와서 내가 맡았던 부분을 다시 공부했다.

 내가 만약 선생님이 되어 학생들을 가르치기 위해 공부한다면 어떻게 할까?

이런 생각을 하면서 공부하니까 집중이 잘됐다.

나중에 알고 보니, 다른 사람을 가르치기 위해 공부한다고 생각하면 긴장감과 주의력이 생겨서 집중력이 높아지는 효과가 있다고 한다. 친구들도 나와 같은 마음으로 공부해 보니 효과가 있었다고 했다. 덕분에 우리는 이번 시험을 평소보다 잘 볼 수 있었다.

시험이 끝나고 봉대에게 물었다.

 봉대야, 네가 아는 형이 공부를 잘하기 위해서는 메타인지 말고 또 어떤 능력을 높이라고 했었지?

작업 기억 능력
어떤 작업을 수행하기 위해 짧은 기간에 정보를 유지하고 활용하는 능력을 말한다.

 작업 기억 능력?

 그거에 대해서도 알려 줘. 메타인지를 알고 공부하니까 효과가 있어서 작업 기억 능력도 궁금해졌어.

맞아. 확실히 공부하는 게 달라졌어. 그것도 알려 줘.

우리는 며칠 뒤 봉대가 아는 형을 직접 만나 설명을 들었다.

→ 아는 형

우리 머릿속에 **정보를 처리하는 일**을 하는 작업대가 있다고 생각해 봐.

공부를 하면 많은 정보가 머리로 들어오는데, 점점 새로운 정보를 더하려면 일시적으로 지금 하고 있는 일을 기억하고 있어야 해. 그게 바로 **작업 기억 능력**이야.

봉구야, 내 작업대에서 내려가.

↑ 뚜식이 머릿속에 있는 작업대

 예를 들어, 우리가 '17×2'라는 곱셈식을 계산한다고 해 보자.

 그럼, 머릿속 작업대에서 먼저 7과 2를 곱할 거야. 그리고 10과 2를 곱하겠지? 그렇게 나온 두 값을 더해야 해. 이때 7×2의 값과 10×2의 값을 기억하고 있어야 하지. 기억하고 있는 두 값을 더해 주어야 34라는 답을 구할 수 있으니까.

암산으로 하면 바로 풀 수 있는 간단한 연산인데, 그렇게 설명하니까 오히려 복잡해 보여요.

그건 너희가 머릿속으로 계산하는 것이 훈련돼 있어서 그래. 하지만 곱셈을 처음 배우는 아이들은 계산 과정을 하나하나 기억하며 다음 계산으로 넘어가야 하지. 이렇게 현재 작업을 기억하며 다음 단계로 넘어갈 수 있도록 해 주는 작업 기억 능력이 공부할 때는 매우 중요해.

 작업 기억 능력은 어떻게 키워요?

 성장할 때 교육 받는 과정에서 저절로 훈련이 되지만, 자신의 작업 기억 능력이 부족하다고 생각되면 이렇게 해 봐.

- 꾸준한 **독서를 통해 생각하는 힘** 기르기
- **단어를 거꾸로 말하며** 작업 기억 능력 키우기
- **책**이나 **수업 내용을 요약하는 습관** 들이기

 형, 근데 학교 수업만 열심히 들으면 성적이 오른다고 하는데 수업 시간은 왜 이렇게 지루한 걸까요?

 하하하! 그건 우리 안에 남겨진 본능 때문이야.

형은 우리 몸에 아직도 새로운 정보를 찾아 헤매는 본능이 남아 있다고 했다. 그 본능이 바로 도파민이라고도 했다.
　학교 수업 시간에는 가장 기본이 되는 내용을 공부하다 보니 이미 알고 있는 것이라 착각해서 지루하게 느껴지는 것이라고 했다.
　형의 말을 듣고 나니, 수업 시간에 왜 자꾸 딴짓이 하고 싶었는지 알게 되었다. 이제부터는 수업 시간에 배우는 내용을 늘 처음 듣는 것이라고 생각해서 수업 시간을 재미있게 보내야겠다.

 # 뚜식이의 동물 연구 일지

문어는 매우 영리해서 '바닷속 천재'라고 불린다. 문어는 동전 크기만 한 작은 뇌를 가지고 있지만, 뇌뿐 아니라 몸과 다리에도 **신경 세포(뉴런)**가 많아서 뇌의 지시 없이 다리만 따로 움직일 수 있다. 훈련을 받으면 병뚜껑을 따거나 사람의 얼굴을 알아보는 문어도 있다고 한다. 나도 문어처럼 손이나 발에 신경 세포가 있으면 좋겠다.

침팬지
IQ 100~120

범고래, 문어
IQ 80~90

연구 날짜	2025년 5월 28일	참가자	김뚜식
연구 주제	지능이 높은 동물		

그러면 오른손으로 숙제를 하고 왼손으로는 게임을 할 수 있을 텐데.
문어 말고도 지능이 높은 동물이 있다. 바로 **침팬지**이다. 침팬지의
IQ(지능 지수)는 무려 100~120으로, **동물 가운데 가장 높다.** 침팬지는
수화로 인간과 대화를 나누기도 한다는데, 정말 대단하다.
바다의 무법자 **범고래**와 귀여운 **돌고래**도 IQ가 높은 동물로 알려져
있다. 범고래는 먹잇감을 발견하면 머리로 생각해서 사냥한다.
돌고래는 초음파를 이용해서 의사 소통이 가능하고 거울 속 자신을
알아본다. 그리고 **코끼리**는 힘이 셀 뿐만 아니라 함정이나 미끼를
알아챌 만큼 **머리도 좋다.**

돌고래
IQ 80

코끼리
IQ 70

공부와 뇌를 알아볼까요?

이슬기 소장님과 함께하는 과학 이야기!

과학 호기심 : 뚜식이가 공부 머리를 타고났다고?

"난 모두에게 공평해!"

돌고래는 태어나자마자 헤엄치고, 얼룩말은 태어난 지 45분 만에 초원을 달릴 수 있어요. 엄청 대단해 보이지만, 사실 이것은 동물들이 할 수 있는 게 정해져 있다는 것을 뜻해요.
반면, 인간은 태어나서 걷기까지 약 1년, 말로 생각을 표현하기까지 약 2년, 젓가락질을 하기까지 약 5년이란 시간이 걸려요. **어릴 때부터 우리의 뇌는 무언가를 배우기 위해 필사적으로 움직이는 거죠.**

인간의 뇌는 미숙하게 태어나기 때문에 끊임없이 배우고, 공부하면서 살아가야 합니다. 뇌과학자들은 이러한 인간 뇌의 특징을 **신경가소성**(neural plasticity)이라고 해요. 우리가 '습관'이라고 부르는 것은 뇌세포인 뉴런(neuron)이 서로 얽힌 신경가소성의 결과물이라고 할 수 있지요.

따라서 뚜식이를 포함한 우리 모두는 무언가를 배우는 데 타고난 능력, 즉 공부 머리를 타고났다고 할 수 있답니다.

너무너무 궁금해요!

과학 호기심: 서술지식 VS 절차지식

심리학에서는 지식을 **서술지식**(declarative knowledge)과 **절차지식**(procedural knowledge)으로 구분해요. **서술지식은 흔히 기억을 활용해 떠올릴 수 있는 지식**을 말해요. "뚜식이네 고양이는 OOO, 강아지는 OO야."라고 했을 때, 하늘이와 봉구를 떠올리는 것이 서술지식이지요.

반면, **절차지식은 몸이 기억하지만 설명하기 어려운 지식**을 말해요. 키보드를 보지 않고 문서를 작성하는 사람에게 ㄱ의 위치를 물었을 때 바로 대답하지 못하는 이유는 ㄱ의 위치가 절차지식이기 때문이지요. 서술지식과 절차지식은 뇌에서 처리되는 방식도 달라요. **서술지식**에는 해마(hippocampus)라는 뇌 영역이 관여하지만, **절차지식**에는 운동에 필수적인 기저핵(basal ganglia)이라는 영역이 필요해요.

한 예로, 영어 단어를 외우는 것은 서술지식이지만, 영어 문장을 해석하는 것은 문법에 따른 절차지식이에요. 단어를 알아도 영어 문제를 틀리는 이유는 서술지식만 알고 절차지식을 모르기 때문이지요. 절차지식은 반복된 학습으로 저장할 수 있어요. 따라서 공부를 잘하려면 반복 학습을 위한 부지런한 손과 꿋꿋한 엉덩이 힘이 필요해요.

공부는 엉덩이 힘!

뚜식이를 시험에 들게 하는
시험공부

이슬기 소장님과 함께하는 과학 이야기!

과학 호기심: 아는 문제인데 시험에만 나오면 틀리는 이유

심리학에서는 단서를 보고 특정 지식을 떠올리는 것을 **회상**(recall)이라고 합니다. 자주 보고 듣지 않으면 회상은 어려워지죠. 기억력은 반복을 통해 강해지는데, 여기서 반복은 영어 단어를 중얼중얼 외우는 것이 아니라, 오늘도 보고 내일도 보고 집에 가면서도 보는 것을 말해요.

아! 이거 아는 거였는데….

세종 대왕

"한글을 창제한 사람은?"

이라고 하면 바로 '세종 대왕'을 떠올릴 거예요. 워낙 많이 접해서 회상이 쉽기 때문이지요. 하지만 **"조선의 4대 임금은?"** 이라고 문제를 바꾸면 답을 바로 떠올리기 어렵습니다. 세종 대왕을 4대 임금이라고 표현하는 경우가 드물기 때문이에요.

이처럼 우리는 시험에 아는 내용이 나와도 낯선 표현이 쓰이면 틀릴 수 있어요. 아는 문제를 틀리지 않고 시험을 잘 보기 위해서는 **공부한 내용을 반복해서 보는 것이 중요해요.** 오늘 하루, 친구에게 학교에서 배운 내용을 설명해 주면서 회상해 보는 건 어떨까요?

너무너무 궁금해요!

과학 호기심 공부 계획이 잘 지켜지지 않는 이유

공부는 계획적으로!

우리는 공부를 할 때 알록달록 형광펜을 칠해 가며 계획표를 만들어요. 하지만 대부분 공부 계획은 지켜지지 않지요. 그건 우리의 의지가 부족해서가 아니라 계획이 너무 거창하기 때문이에요.

심리학에서는 어떤 일을 하는 데 필요한 시간과 비용을 *과소평가하는 경향을 **계획 오류**(planning fallacy)라고 해요. 한 예로, 캐나다 심리학자 뷸러(Buehler)는 대학생들에게 졸업 논문을 쓰는 데 며칠이 걸릴지 물었어요. 학생들은 평균적으로 33일이라고 대답했지만, 실제로는 평균 55일이 걸렸어요. 공부를 잘하는 학생들의 의지가 부족해서 오래 걸린 걸까요? 아닙니다. 처음부터 55일이 필요한 일을 33일 안에 해내겠다고 한 게 무리였던 거예요. 다른 학생들이 논문을 쓰는 데 두 달이 걸려도 자기는 한 달이면 충분하다는 계획 오류를 범한 것이지요.

공부 계획을 세우기 전에, 평소 공부 시간을 기록해 보는 건 어떨까요? 계획을 세워도 시험 준비가 힘들다면, '천 리 길도 한 걸음부터'라는 속담을 떠올려 보세요.

*과소평가: 사실보다 작거나 약하게 평가함.

세 번째 일기

왜 안 깨운 거야?

학교 끝나고 곧바로 집에 와서 시험공부를 하려고 했는데, 결국 어둑해질 때쯤 집에 왔다.

뚜식아, 공부하다 이제 오니? 배고플 텐데 어서 저녁 먹어라.

할아버지가 안쓰러운 눈빛으로 나를 바라보며 맞아 주셨다. 나는 사실 배가 고프지 않았지만 식탁에 앉았다.

 친구들이랑 공부하다 온 거야?

 네······.

엄마의 물음에 조금 찔렸지만, 학교에서 공부한 것도 맞고 친구들이랑 있다가 온 것도 맞으니까 완전 거짓말은 아니다.

 저녁을 먹고 거실에 나오니, 아빠가 뉴스를 보고 계셨다. 나도 아빠 옆에 앉아 뉴스를 봤다.

어? 근데 뉴스가 원래 이렇게 재미있었나? 신기하게도 공부만 하려고 하면 마치 공부 빼고 다 재미있어지는 마법에 걸린 것처럼 공부 빼고 다 재미있다. 심지어 책상 정리나 방 청소도!

공부 빼고 다~ 재밌어져라, 뿅!

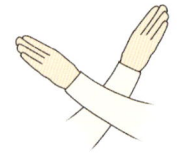 **안 돼, 안 돼!** 오늘은 책상 정리도 안 하고 방 청소도 안 할 거야. 아, 그럼 오늘은 주방 식탁에서 공부해 볼까?

 엄마, 오늘은 식탁에서 공부할래요.

 엄마 설거지 끝나고 드라마 보려고 했는데?

 괜찮아요. **백색 소음**을 들으면서 공부하면 집중이 잘된대요.

백색 소음

우리 생활 속에서 흔히 들을 수 있는 빗소리, 파도 소리, 청소기 소리, 연필 소리 등의 소리. 소음이지만 우리가 일상적으로 듣는 소리이기 때문에 안정감을 느끼고 집중력 향상에 도움이 될 수 있다.

식탁에 앉아서 공부를 하니 좋았다.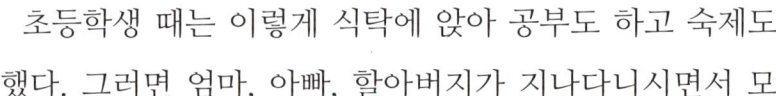

초등학생 때는 이렇게 식탁에 앉아 공부도 하고 숙제도 했다. 그러면 엄마, 아빠, 할아버지가 지나다니시면서 모르는 것을 알려 주셨다.

방에서 혼자 공부하는 건 너무 외롭고 힘든 일인데, 식탁에 앉아서 가끔 가족들을 쳐다보며 공부하니 좋았다.

이번 기회에 책상을 거실로 옮겨 달라고 할까?

거실 어디에 책상을 놓으면 좋을지 고민하면서 거실을 둘러보는데, 텔레비전 화면이 눈에 들어왔다.

'어? 여자 주인공이 울잖아? 왜 우는 거지?'

나는 슬며시 엄마 옆에 앉았다.

 엄마, 주인공이 왜 우는 거예요?

 주인공 엄마가 병에 걸렸대~.

근데, 넌 공부 안 하고 왜 여기 앉아 있니?

 …….

 조금만 보고 공부해~.

 네~.

결국 드라마가 끝났다.

김뚜식! 다시 방으로 들어가서 공부해!

네……

방에 들어오니 벌써 11시가 넘었다. 어쩐지 너무 졸리더라~. 어차피 오늘은 공부하기 틀렸다. 내일 일찍 일어나서 주말 동안 바짝 공부하면 시간은 충분할 것 같다.

알람을 맞췄지만 늦잠을 잘 것 같아 불안했다. 그래서 할아버지께 쪽지를 썼다. 우리 가족 중 할아버지가 가장 일찍 일어나니까, 할아버지께 깨워 달라고 부탁드려야지.

나는 쪽지를 써서 조용히 할아버지 방으로 갔다. 그리고 주무시고 계신 할아버지의 베개 밑에 쪽지를 살짝 넣어 두고 재빨리 내 방으로 왔다.

할아버지, 일어나시면 저 좀 깨워 주세요!
-시험을 앞둔 뚜식이 올림-

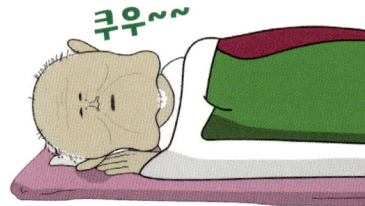

 어머니, 왜 미역국이죠? 이거 먹고 성적이 바닥으로 쫘악 미끄러지라는 뜻인가요?

왜 또 그래, 왜? 오늘이 시험 보는 날도 아니잖아! 얼른 먹어!

 뚜식아, 아빠랑 엄마는 네가 공부를 한 시간 더 하는 것보다 몸이 건강한 게 더 중요해. 이왕 늦게 일어난 거, 푹 잤으면 된 거니까 늦게 일어난 걸 너무 자책하지 마.

그리고 아빠는 계속 말씀하셨다.

캐나다의 어느 대학교 교수가 시험 전날 공부를 안 하고 노는 학생들을 지켜보니 두 가지 유형이 있더래.

시험 전날에 놀고 싶은 건 어느 나라 학생들이나 똑같나 봐요. 헤헤

 근데 뚜식아, 이 두 가지 유형 중 어느 학생의 성적이 더 높게 나왔을까?

공부 빼고 다~ 재밌어져라, 뿅!

 음······.

자신을 용서하는 학생의 성적이 더 좋았대. 그러니까 너도 늦게 일어난 자신을 원망하지 말고, '잠을 푹 잤으니까, 집중력이 높아져서 공부가 잘될 거야!'라고 긍정적으로 생각해 봐.

파이팅!

 그리고 뇌가 죄책감을 느낀다는 건 다음에는 더 잘하고 싶어서 생기는 자연스러운 감정이니까 기운 내렴.

다음에 더 잘하면 돼!

 네, 아빠 말씀을 들으니 마음이 조금 가벼워졌어요.

나는 아빠의 말씀을 듣고 힘을 내서 주말 동안 열심히 시험공부를 했다.

아자! 아자!

월요일 아침.

학교에 가니 동만이는 꾸벅꾸벅 졸고 있고, 마이클은 주변에 누가 오는지도 모를 정도로 공부에 집중하고 있었다. 그런 마이클한테 모락모락 김이 나는 것 같았다. 나도 내 자리에 앉아서 조용히 책을 폈다.

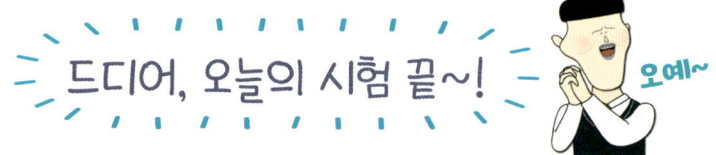

휴, 이제 벼락치기도 못하겠어…….

마이클은 벼락치기의 고수였다. 어찌나 암기력이 좋은지 시험 보기 직전에 외우는 것만으로도 시험을 꽤 잘 봤다. 그런데 이번에는 결과가 좋지 않은가 보다.

"그동안 벼락치기로 공부해도 시험 성적이 괜찮게 나왔는데, 이젠 힘들 것 같아. 오늘 시험 완전히 망쳤어."

그러자 봉대가 마이클의 어깨를 다독이며 말했다.

"마이클, 안수면 선생님이 벼락치기는 머릿속에 정보를 쏟아 부은 상태에서 새어 나가지 않게 억지로 막고 있는 거랑 같다고 하셨어. 그 기억이 시험 볼 때까지 남아 있으면 다행이지만, 막상 시험 볼 때는 생각나지 않는 게 더 많을 수 있다고 하시더라."

내가 안수면

안수면 선생님은 봉대네 가족의 수면 상태를 관리해 주시는 의사 선생님이다.

"또 시험 기간에도 평소처럼 잠을 잘 자야 한다고도 하셨어. 시험 기간에 들어오는 많은 양의 정보가 우리 머릿속에 오래 남으려면 잠을 꼭 자야 한대."

우리가 잠을 자는 동안 그날 들어온 정보들이 선별되어 장기 기억으로 넘어가는데, 잠을 자지 않으면 이런 작업이 생략되어서 정보가 머릿속에 오래 남을 수 없대.

헉, 아무리 벼락치기를 해도 잠을 안 자면 머리에 남는 게 없다는 거네? 완전히 **밑 빠진 독에 물 붓기**잖아!

 맞아! 게다가 잠이 부족하면 뇌의 기능에 문제가 생겨서 집중력이 떨어지고, 시험을 볼 때도 집중이 안 된대.

 오늘의 나처럼……?

동만이가 울상을 지으며 말했다.

> 어제 밤새워 공부했더니, 오늘 시험 볼 때 집중이 안되고 공부한 게 하나도 기억이 안 나더라고…….

동만이는 판다처럼 눈 주위가 새까맣게 그늘이 져 매우 피곤해 보였다.

 얘들아, 오늘은 꼭 일찍 자자.

 그래! 그래야 내일 맑은 정신으로 시험을 보지!

 그럼 오늘은 라면은 생략하고 닭꼬치만 먹고 빨리 집에 가자.

 그래! 아무리 졸려도 닭꼬치는 포기 못 하지!

하하하하!

> 깊게 생각하고 궁리해야 하는 공부나 확실하게 외워야 할 내용은 아침에, 간단한 암기 내용은 밤에 공부하는 게 효과적이에요. 똑같은 시간에 더 많은 공부를 하고 싶다면 밤보다 아침에 공부하는 걸 추천해요.

뚜식이의 엉뚱한 인터뷰

안녕하세요! 뚜튜버 김뚜식이에요.
오늘은 친구들이 알고 있는 시험에 관한 *속설에 대해 조사해 보겠습니다.

> 저는 시험 보는 날, 미역국을 먹지 않아요. 미역국을 먹었다가 성적이 아래로 미끄러지면 안 되니까요.

나는 아무 잘못 없어.

> 저는 시험 기간에 죽을 먹지 않아요. 그러다 시험도 *죽을 쑤면 어떡해요.

여러분! 미역국은 시험 보는 날 아침에 먹으면 아주 좋은 음식이라고 합니다. **미역**에 있는 **철분**, **칼슘**, **식이 섬유** 등의 성분이 **두뇌 회전**을 돕는다고 해요.
죽 역시 소화가 잘되는 음식이기 때문에 긴장하기 쉬운 시험 보는 날 아침에 먹기 좋은 음식이지요.

*속설: 전하여 내려오는 설이나 견해.
*죽을 쑤다: 어떤 일을 망치거나 실패하다.

인터뷰 날짜	2025년 6월 3일	참가자	뚜식이와 친구들
인터뷰 주제	시험을 앞두고 하지 않는 행동은?		

> 그럼 빵은요? 저는 빵을 아주 좋아해서 매일 아침 빵을 먹는데, 시험 보는 날에는 시험을 빵점 받을까 봐 굶거든요.

내가 제일 좋다고 할 땐 언제고, 흑.

하하, **빵**을 먹으면 빵점이라니!
재미있는 말이지만 무시하기에는 신경 쓰이는 속설이네요.
아침을 활기차게 시작하려면 아침 식사를 하는 게 좋아요.
빵은 **뇌에 에너지를 공급**하는 **탄수화물**이고
간단히 먹을 수 있으니까 평소처럼 먹는 걸 추천해요.

여러분! 속설은 속설일 뿐이니까 신경 쓰지 말고
열심히 공부한 여러분 자신을 믿으세요!
지금까지, 뚜튜버 김뚜식이었습니다!

뚜식아, 근데 왜 자꾸 머리를 긁는 거야?

시험 앞두고 머리 감으면 공부한 게 다 사라진대서 며칠째 머리를 안 감고 있거든.

하하하

네 번째 일기

놀면서 공부하는 방법이 있다고?

천평이

며칠 전 뚜식이 형네 놀러 갔다.
　뚜식이 형은 친구들과 보드게임을 하고 있었다. 나는 뚜식이 형의 친구들과 몇 번 같이 논 적이 있다.
　오늘도 형들은 나를 반갑게 맞아 주었다.

어서 와~!!

이거 우리나라 역사를 바탕으로 만든 보드게임인데 무지 재미있어.

　역사 보드게임이라는 말에 별로 내키지 않았지만 형들과 같이 놀고 싶어서 나도 보드게임을 하기로 했다.
　게임판에는 우리나라 위인들의 얼굴과 이름이 나열되어 있었다.

단군, 이순신, 세종 대왕, 유관순……

　교과서나 위인전에서 본 이름들도 있고, 처음 보는 이름도 있었다.

저는 역사를 잘 모르는데, 잘할 수 있을까요?

　내가 자신 없어 하자, 봉대 형이 웃으며 말했다.

나도 역사를 잘 모르는데, 게임을 하다 보니 학교에서 배운 내용을 복습하는 효과도 있고 몰랐던 위인과 역사 사건을 알게 되는 기회도 되는 거 같아.

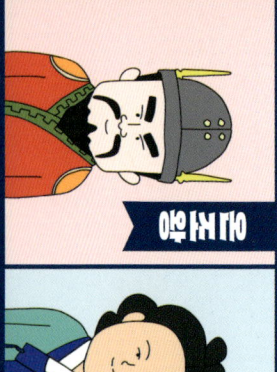

> ★ 게임 방법 ★
> 1. 한 명씩 순서대로 업적 카드를 1장씩 뒤집는다.
> 2. 업적에 해당하는 인물 위에 업적 카드를 올려놓는다.
> 3. 한 인물 위에 업적 카드가 2장이 되면 2장이
>   되었을 때의 사람이 2장을 가져간다.
> 4. 업적 카드 중 전쟁 등이 표시된 '꽝 카드'를 뽑으면
>   갖고 있는 업적 카드 1장을 내놓아야 한다. 만약
>   가지고 있는 업적 카드가 없는 경우, 게임을 1회 쉰다.
> 5. 가장 많은 업적 카드를 획득한 사람이 최종 우승!

　게임 방법은 어렵지 않았다. 평소 위인전을 자주 보았던 게 도움이 되었다.

　나는 업적 카드를 한 장 뒤집었다. 업적 카드에는 **'한글 창제'**라고 쓰여 있었다.

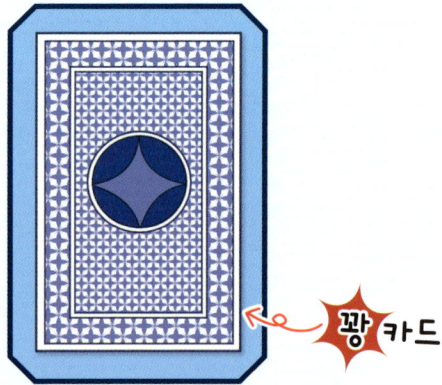

나는 자신 있게 '한글 창제' 업적 카드를 게임판의 '세종 대왕' 위에 올려놓았다.

형들이 환호해 주자 기분이 좋았다.
뚜식이 형이 뽑은 업적 카드에는 '거북선 제작'이라고 쓰여 있었다. 뚜식이 형도 자신 있게 '이순신' 위에 카드를 올려놓았다.

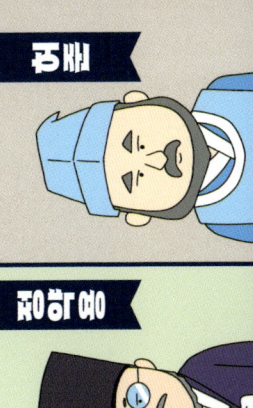

이렇게 게임을 하면서 공부도 할 수 있는 걸 **게이미피케이션**이라고 한대.

게이미피케이션
Gamification. 게임 요소를 학습에 적용하여 게임을 하듯 재미있게 학습할 수 있는 교육 방법을 말한다.

 오~, 게이미피케이션! 왠지 멋진 말 같아.

뚜식이 형이 감탄하자 마이클 형이 고개를 갸웃하며 말했다.

 그럼, 어렸을 때 엄마랑 했던 '메모리 게임'도 게이미피케이션인가? 엄마가 어릴 때 이것저것 외울 수 있도록 메모리 게임을 자주 했다고 그러셨거든.

 메모리 게임으로 공부가 된다고?

메모리 게임은 카드 앞면과 카드 위치를 기억한 다음, 뒤집어서 앞면이 같은 카드 한 쌍을 찾는 게임이잖아. 짝을 이루는 카드 두 장을 찾으면 그 카드 두 장을 가져가는 거고. 나는 메모리 게임으로 영어 단어를 외우는 데 많은 도움이 됐어.

메모리 게임 예시

카드 앞면

| Butterfly | Dog | Star | Candy | Star |
| Pencil | Candy | Butterfly | Pencil | Dog |

카드 뒷면

| 1 | 2 | 3 | 4 | 5 |
| 6 | 7 | 8 | 9 | 10 |

나비 카드가 어디 있었지?

카드를 뒤집은 다음 앞면이 같은 한 쌍의 카드 찾기!

게임 이야기를 하다 보니 문득 3학년이 되었을 때 같은 반 친구들과 하던 게임이 떠올랐다.

 형들, '꿀떡 게임' 알아요?

 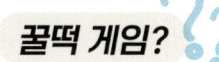 꿀떡 게임?

 나, 알아! 초등학교 2학년 때 했었어.
그 게임 하면서 친구들 이름을 외웠어!

누가~ 꿀떡을 먹었나? 항아리에서~?
봉대가 먹었지, 항아리에서~!

내가? 난 아냐!

그럼, 누구?

마이클이 먹었지, 항아리에서~!

내가? 난 아냐!

그럼, 누구?

음……

마이클! 벌칙!

하하하 하하하

와~, 이렇게 하면 처음 만난 친구들의 이름을 빨리 외울 수 있겠다.

맞아, 이름을 부르지 못하면 벌칙에 걸리니까 외울 수밖에 없겠네!

형들과 웃으며 게임을 하니 정말 즐거웠다.

며칠 뒤, 뚜식이 형네 집에 또 놀러 갔다.
가을이가 거실에서 태블릿 게임을 하고 있었다.

 가을아, 무슨 게임 해?

 게임 아니야, 영어 공부하는 거야.

자세히 보니, 영어 단어의 뜻을 맞히는 게임이었다.

 천평이 오빠도 가입해서 나랑 같이할래? 온라인에서 친구 맺고 같이하면 특별 아이템을 주거든~.

나는 집에 와서 가을이가 알려 준 영어 공부 게임 앱에 접속했다. 그리고 가을이와 친구를 맺고 함께 게임을 했다. 제한 시간 안에 제시되는 영어 단어와 뜻을 짝지으면서 다음 레벨로 넘어가는 게임이었다. 재미도 있고 영어 단어도 익힐 수 있어서 좋았다. 그런데 문제가 있었다.

띠링~! 띠링~! 띠띠띠링~!

천평이 오빠, 우리 게임 언제 시작할까?
천평이 오빠, 같이 떡볶이 먹으러 가자.
천평이 오빠, 이따 게임에서 만나~! 히힛.

끊이지 않는 가을이의 메시지…….
ㅠㅠ

그, 그래 가을아…

천평이의 관찰 일지

뚜식이 형이 요즘 공부와 관련된 뚜튜브 영상을 올리고 있다. 형이 자신의 영상을 보며 공부하면 공부가 잘될 거라고 추천해 줘서 나도 보기로 했다.

> 여러분, 타임랩스 또는 하이퍼랩스 공부법을 아시나요? 자신의 공부하는 모습을 영상으로 찍는 거예요.

> 나중에 영상을 보면 '내가 정말 열심히 공부했구나~.' 하며 뿌듯함을 느낄 수 있지요.

> 휴대폰으로 영상을 촬영해야 하니, 공부하는 동안 휴대폰을 볼 수 없어서 공부에 집중할 수 있어요.

> 제가 오늘 5시간 공부하면서 영상을 찍어 볼게요. 제 영상을 보면서 여러분도 함께 공부해 보세요.

| 관찰 날짜 | 2025년 6월 21일 | 참가자 | 육천평 |
| 관찰 주제 | 뚜튜브 공부 영상의 효과 |

나도 뚜식이 형의 영상을 틀어 놓고 공부를 해 보았다. 형이 또각또각 글씨 쓰는 소리를 들으며 공부하니까 집중이 잘되는 것 같았다. 그런데 뚜식이 형의 영상에 달린 댓글들이 눈에 띄었다.

 @같은 반 정석이
5시간 공부한다더니, 1시간만 하냐!

 @담임쌤
뚜식아, 아까 풀던 4번 문제 틀렸다.

 @멋진 김뚜순
야, 김뚜식! 내가 아끼는 분홍 볼펜이 왜 거기 있냐!

나는 뚜식이 형에게 응원의 댓글을 달았다.

 @옆집 1000평
형, 멋져요! 저도 형처럼 열심히 공부할게요.

이슬기 소장님과 함께하는 과학 이야기!

공부 빼고 다 재미있는 이유

과학 호기심 | 시험 기간만 되면 재미있는 것투성이!

시험이 다가올수록 우리는 불안한 감정에서 벗어나고 싶어 합니다. 심리학자들은 이러한 상황을 보고 **심리적 방어 기제**가 작동한다고 하죠. 시험을 앞둔 우리의 뇌는 스트레스를 일으키는 공부를 피하고, 만족감을 주는 청소, 유튜브 시청, 게임 등에 더 관심을 두게 됩니다. 일종의 회피 행동으로, 당장 불편한 감정에서 벗어나려는 자기 보호라고 할 수 있지요. 시험 기간에 공부 이외의 것에 더 끌리는 것처럼 금지된 것, 하면 안 되는 것에 더 이끌리는 현상을 **로미오와 줄리엣 효과**(Romeo and Juliet effect)라고 해요.

한편, 시험을 못 봤을 경우를 대비해 변명을 만들어 두려는 심리도 나타납니다. 시험 점수가 낮을 때, "어제 TV 보느라 공부를 못 했어."라고 변명하려는 것이지요. 즉, 자기 실패에 대한 핑계를 만들기 위해 시험 기간에 딴짓을 하게 되는 거예요.

그럼, 공부를 할 때 변명을 만들지 않으려면 어떻게 해야 할까요? 다음 세 가지를 실천하면서 차분하게 마음가짐을 정돈해 보세요.

- 시작이 중요하다는 것 기억하기
- 책상에 앉아 공부 목록 작성하기
- 실천 가능한 목표 세우기

함께 알아보아요!

과학 호기심: 게임과 놀이에 숨겨진 비밀

왜 친구들과 퀴즈 놀이를 하면서 공부하면 기억에 더 오래 남을까요? **우리가 게임이나 놀이를 통해서 공부하면 더 재미있게 느끼는 데**에는 숨겨진 비밀 세 가지가 있어요.

비밀1 뇌의 보상 회로 활성화

우리가 문제를 맞힐 때마다 뇌에서 신경전달물질인 도파민이 나와요. 심리학자들은 이것을 **'뇌의 보상 회로 활성화'**라고 해요. 도파민이 뇌가 기쁨을 느끼게 만드는 측좌핵(nucleus accumbens)의 스위치를 자극하는 과정에서 "더 잘하고 싶어!" 같은 마음이 드는 거지요.

비밀2 심리적 안정감

게임이나 놀이를 틀렸을 때는 혼이 나거나 창피를 당하지 않아요. 그래서 **심리적으로 안정감**을 느낄 수 있지요. '다음에 맞히면 되지!'라며 용기 있게 도전하고 문제를 맞히는 과정에서 "나는 뭐든지 잘할 수 있어!"라는 자신감을 얻을 수 있답니다.

비밀3 몰입

게임이나 놀이를 할 때는 시간 가는 줄 모르고 **몰입**(flow)하게 되는데, 우리는 뚜렷한 목표가 있는 활동에 몰입할 때 더 쉽고 재미있게 배울 수 있어요. 테니스를 처음 배울 때 공을 네트 너머로 넘기기만 해도 뿌듯한 것처럼, 자신의 실력에 맞는 도전을 할 때 재미있게 몰입할 수 있지요.

이슬기 소장님과 함께하는 과학 이야기!

벼락치기를 하면 금방 잊는 이유

과학 호기심: 단기 기억 VS 장기 기억

미리 공부를 해 두지 않고 시험 기간이 되면 발을 동동 구르면서 벼락치기를 하게 돼요. 벼락치기는 손바닥으로 물을 퍼 나르는 것과 같아요. 손가락 사이로 물이 줄줄 새어 나가듯이 공부한 내용이 새어 나가기 때문이죠. 벼락치기를 할 때 외운 내용은 단기 기억으로만 머무는데, 대부분의 단기 기억은 1시간도 되지 않아서 증발해요.

심리학에서는 기억을 **단기 기억**(Short-term memory)과 **장기 기억**(Long-term memory)으로 분류할 수 있어요.

단기 기억	장기 기억
유지 기간이 짧고 한 번에 저장되는 용량이 7~8개인 기억 (예) 새로 가입한 사이트의 비밀번호	오랫동안 저장되어서 언제든지 활용할 수 있는 기억 (예) 가족의 이름, 사건에 대한 기억

공부란 단기 기억을 반복해서 장기 기억으로 바꾸는 과정이라고 할 수 있어요. 수업 시간에 배운 내용은 단기 기억으로만 저장되기 때문에 반드시 그날 복습해서 장기 기억으로 바꿔야 오래 기억할 수 있는 거죠.

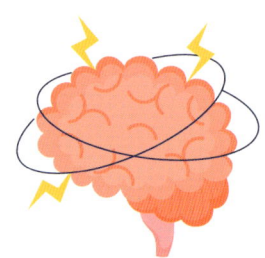

함께 알아보아요!

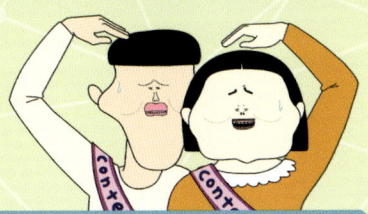

심리학자 에빙하우스(Hermann Ebbinghaus)는 인간이 새로운 내용을 공부했을 때 얼마 동안 유지할 수 있는지 실험했습니다. 안타깝게도 대부분의 사람이 공부를 하자마자 배운 내용을 잊어버렸지요. 뇌 기능에 문제가 없어도 공부하고 약 20분이 되었을 때 41.8%의 내용이 증발한다고 합니다.

벼락치기는 '아무것도 안 하고 놀기만 한 건 아니야'라는 심리적 위안을 주는 행동일 뿐, 올바른 공부 방법이 아니에요. 또한 마음의 준비가 안 된 상태에서 공부를 하기 때문에 **스트레스 호르몬인 코르티솔의 분비를 증가시켜** 평소보다도 주의력과 기억력을 떨어트리죠.

공부한 내용을 오래 기억하려면 배운 내용을 계속 반복하는 **'반복 학습'**과 시간 간격을 두고 규칙적으로 같은 내용을 공부하는 **'분산 학습'**이 효과적이에요. 예습과 복습 또한 좋은 방법이지요. 한 가지 팁을 드리자면, **예습은 짧고 굵게! 복습은 내가 소화할 수 있을 만큼!** 공부하는 게 좋답니다.

다섯 번째 일기

전설의 공책을 찾아서~!

동만이

수업 종이 울려서 우리는 각자 자기 자리로 돌아갔다. 나는 수업 시간 내내 '전설의 공책' 생각이 머릿속을 떠나지 않았다.

나는 주변에서 성실하다는 칭찬을 듣는다. 하루도 쉬지 않고 일하시는 부모님을 보면서 성실함을 배웠으니, 성실함 하나는 자신 있었다.

공부도 그랬다. 비록 좋은 성적은 아니었지만 공부를 하는 데 게으름을 피워 본 적이 없다. 하지만 공부는 늘 내 맘 같지 않았다. 시험 기간에 열심히 공부해도 성적은 늘 그 자리여서 속상했다.

수업이 끝나고 집으로 돌아가는 길.

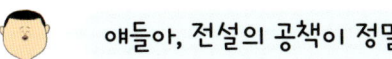
얘들아, 전설의 공책이 정말 있을까?

나는 진짜 있을 거 같아.

 나도!

그럼 우리가 그 전설의 공책을 찾아볼까?

 좋아!

 내일이 토요일이니까 흩어져서 동네 도서관을 찾아보자!

다음 날 우리는 세 팀으로 나누어서 **세 군데**의 **도서관**을 찾아갔다. 나는 학교 근처의 도서관으로 가서 공책을 찾아 보았다. 그런데 토요일이라 사람이 너무 많아서 복잡했다.

그때, 휴대폰 진동이 울렸다.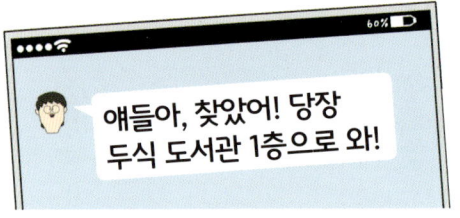

단체 채팅방에 마이클이 메시지를 남겼다.

나는 곧바로 두식 도서관으로 달려갔다.

우리는 마이클을 따라 1층 자료실로 갔다. 수많은 책들 사이에 공책 한 권이 꽂혀 있었는데, 마치 빛이 나는 것처럼 보였다. 그 공책을 향해 걸어가는 우리 모두의 심장이 쿵쾅쿵쾅 뛰었다.

뚜식이가 공책을 집어 살펴보았다. 그런데 공책 어디에도 주인의 이름이 적혀 있지 않았다.

 마이클, 너는 이 공책이 왜 전설의 공책이라고 생각했어?

 공책을 펴 보면 알게 돼.

우리는 공책을 펼쳐 보았다.

어?

우리가 이번에 시험 보는 내용이 정리되어 있었다. 우리는 너무 놀라 한동안 아무 말도 하지 못했다.

그런데 아무 말 없이 공책을 살펴보던 봉대가 조심스럽게 말했다.

 근데……, 이게 진짜 전설의 공책일까?

 우리 시험 범위의 내용이 정리되어 있잖아!

 하지만 전교 1등의 공책이라고 하기에는 필기 내용이 좀 허술해 보이지 않아?

그러자 마이클도 머리를 갸웃하며 말했다.

 그러네, 글씨도 *괴발개발이야.

 천재는 악필이라는 말도 있잖아.

그때 누군가 우리에게 다가왔다.

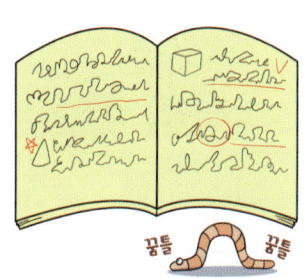

---

*괴발개발 : 고양이의 발과 개의 발이라는 뜻으로, 글씨를 되는대로 아무렇게나 써 놓은 모양을 이르는 말.

우리는 반짝이는 눈으로 정석이의 삼촌을 바라보았다.

 그건 정석이의 튼튼한 체력 덕분이야.

 정석이는 어렸을 때부터 운동을 좋아해서 공부보다는 운동을 하는 데 더 많은 시간을 보냈어. 그래서 비록 성적은 좋지 않았지만, 다른 친구들보다 **체력**은 물론 **지구력**과 **인내심**이 강해졌지.

우리가 전설의 공책이라고 생각했던 정석이의 공책에는 수업 시간에 선생님이 하신 말씀이 모조리 적혀 있었다.

정석이가 공부를 어떻게 해야 할지 몰라 고민하자, 삼촌은 수업 시간에 듣는 내용을 전부 적어 오라고 했다고 한다.

선생님이 하시는 농담까지!

 차라리 선생님 말씀을 녹음하는 게 낫겠어요.

맞아, 선생님의 모든 말씀을 다 기억하거나 적는 건 아주 어려운 일이지. 그럼, 선생님의 말씀 중 중요한 것을 놓치지 않고 적으려면 어떻게 해야 할까?

수업 시간에 딴짓하지 말고 엄청 집중해야죠!

맞아, 그런데 수업 시간 내내 집중하려면 지구력과 인내심이 필요해. 이런 집중력, 지구력, 인내심이 강해지려면 튼튼한 체력이 기본 바탕이 되어야 하지.

하지만 수업 시간 내내 집중하는 건 너무 힘든데······.

뚜식이의 말에 삼촌이 웃으며 말씀하셨다.

하하하! 재미있는 이야기를 하나 해 줄게. 너희가 원시 시대에 산다고 상상해 보자. 너희는 사냥을 하고 있어. 하루 종일 아무것도 잡지 못하고 있는데, 드디어 너희 앞에 동물 한 마리가 나타난 거야. 그 동물을 잡으려고 살금살금 다가가는데 앗, 누군가 나뭇가지를 밟았나 봐. 그 소리에 놀란 사냥감이 도망치기 시작했어.
그럼 너희는 어떻게 할래?

빨리 뛰어가서 잡아야죠!

 하지만 아쉽게도 사냥감을 놓치고 말았어. 집으로 터덜터덜 돌아오는데, 갑자기 오싹한 기분이 들어서 슬쩍 옆을 보니 맹수 한 마리가 노려보고 있는 거야!

 잡아먹히지 않으려면 죽기 살기로 뛰어야죠!

우리는 마치 진짜로 사나운 동물에게 쫓기는 듯 흥분하며 말했다.

이때, 너희는 그 어느 때보다 집중해서 도망가겠지?

삼촌은 그런 생존에 대한 본능이 우리 몸속에 남아 있다고 했다. 그래서 인간은 신체 활동을 할 때 집중력이 올라간다고도 했다.

 체력이 좋은 사람들은 체력이 약한 사람들보다 스트레스도 덜 받아. 그러니 평소에 운동을 꾸준히 하렴.

공부를 마치고 친구들과 헤어졌다. 비록 전설의 공책은 못 찾았지만 정석이의 공부 비결을 알게 되어서 기분이 좋았다.

집에 가고 있는데, 저쪽에서 할아버지 한 분이 폐지를 가득 실은 손수레를 끌고 계셨다.

나는 조용히 다가가 뒤에서 손수레를 밀었다.

할아버지가 몸을 돌려 인사하셨다.

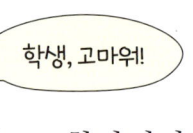

몰래 밀어 드리려고 했는데, 헤헤.

할아버지가 수레 안쪽에서 공책 한 권을 꺼내더니 나에게 내미셨다.

 학생, 이거 받아. 아직 쓸 만한 공책인데 누가 버렸더라고.

할아버지가 내민 공책을 보니 누렇게 바랜 것이 새것은 확실히 아니었다. 나는 연습장으로 쓰면 되겠다 싶어 감사히 받고는 꾸벅 인사를 했다.

 어? 그런데, 고개를 들자 할아버지가 보이지 않았다.

할아버지가 어디로 가셨지?

나는 휘리릭 공책을 넘겼다. 반듯한 글씨로 무언가 잔뜩 정리되어 있었다.

그런데! 공책에 적힌 내용이 익숙했다. 자세히 보니 이번 시험 범위에 해당하는 내용이었다.

혹시 전설의 공책?

덜커덩

동만이의 몸 튼튼 운동 일지

한창 성장 중인 청소년들은 운동을 할 때 너무 무리하면 근육이나 뼈, 인대 등이 다칠 수 있어서 조심해야 한다. **격렬한 운동보다는 자신에게 맞는 운동을 꾸준히 하면서 운동 신경을 키우는 게 중요하다.** 운동 신경이 발달하면 몸의 균형을 잘 잡을 수 있고, 뇌에 자극이 되어 공부에도 도움이 된다고 한다. 그래서 나는 친구들과 함께 운동을 시작했다.

달리기

학교 운동장이나 넓은 공원에서 할 수 있는 운동으로, 심폐(심장과 폐) 기능과 다리 근육을 강화시킬 수 있다. 달리기를 하기 전에는 스트레칭을 하여 근육을 풀어 주는 게 좋다.

달려라, 달려!

수영

수영은 관절에 무리를 주지 않으면서 근육과 관절을 튼튼하게 해 주는 운동이다. 갑자기 찬물에 들어가면 근육과 심장에 무리가 올 수 있으므로, 물에 들어가기 전에는 꼭 준비 운동을 해야 한다.

준비 끝!

운동 날짜	2025년 6월 28일	참가자	동만이와 친구들
운동 종류	달리기, 수영, 자전거 타기, 춤추기		

자전거 타기

자전거를 타면 균형 감각을 키울 수 있고 다리 근육도 튼튼해진다. 넓은 공원이나 자전거 전용 도로를 이용하여 다른 사람에게 피해를 주지 않도록 하고, 초보자의 경우 헬멧, 무릎과 팔꿈치 보호대 등의 장비를 착용하여 안전하게 타야 한다.

춤추기

좋아하는 음악에 맞추어서 신나게 춤을 춘다. 멋진 아이돌 가수처럼 잘 추지 않아도 된다. 음악을 감상하며 이리저리 몸을 흔들다 보면 기분도 좋아지고 스트레스도 해소된다.

여섯 번째 일기

내 귀에 벌레가?

다음 날, 시험 시간.
　집중해서 문제를 풀려고 하는데, 귓가에서 자꾸 노랫소리가 맴돌았다.

♪ 밀렸어 밀렸어 밀렸어~~♬

나는 붕붕 고개를 저었다. 그래도 여전히 노랫소리가 들렸다.

♪ 밀렸어 밀렸어 밀렸어~~♬

　기가 막힌 건 노래를 부른 가수인 원룸소년단의 목소리가 아니라 뚜순이 누나의 목소리로 들린다는 거였다.

아~, 김뚜순 때문에 완전 망했다.

어제 뚜순이 누나가 이어폰을 끼고 노래를 따라 부르는 바람에 나는 공부에 집중할 수 없었다. 그만 좀 따라 부르라고 말하고 싶었지만 누나의 행복을 위해서 참았다.

결국 누나는 행복해지고 나는 오늘 시험을 망쳤다.

하필 노래 가사도 '밀렸어 밀렸어 밀렸어~!'일 건 뭐람.

나는 노래 가사처럼 OMR(오엠알) 카드에 답을 밀려 쓰지 않으려고 집중했지만 어느 순간 또 들려오는 노랫소리에 짜증이 확 밀려왔다.

나도 원룸소년단을 좋아해서 이 노래를 자주 들었는데, 당분간은 듣고 싶지 않다. 원룸소년단 형들이 원망스럽게 느껴질 정도였다.

원룸소년단 미워~~ ㅠㅠ

시험이 끝나고 친구들과 떡볶이를 먹으러 갔다.

 우리, 오늘 진짜 **맵게** 먹자!

나는 아주 매운 떡볶이를 먹어야 기분이 좋아질 것 같았다.

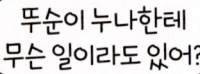
난 오늘 시험, 뚜순이 누나 때문에 완전 망했어.

뚜순이 누나한테 무슨 일이라도 있어?

뚜순이 누나라는 말에 봉대가 귀를 쫑긋하며 물었다.

누나가 어제 계속 부르던 노래가 시험 보는 내내 내 귓가를 맴돌아서 집중을 못했거든.

그러자 동만이가 물었다.

 혹시 원룸소년단 노래?

 응, 〈월세가 밀렸어〉.

 나도 그 노래 좋아해서 자주 들었더니 나도 모르게 밀렸어~ 밀렸어~ 밀렸어~ 하면서 흥얼거리게 되더라.

그때 마이클이 외쳤다.

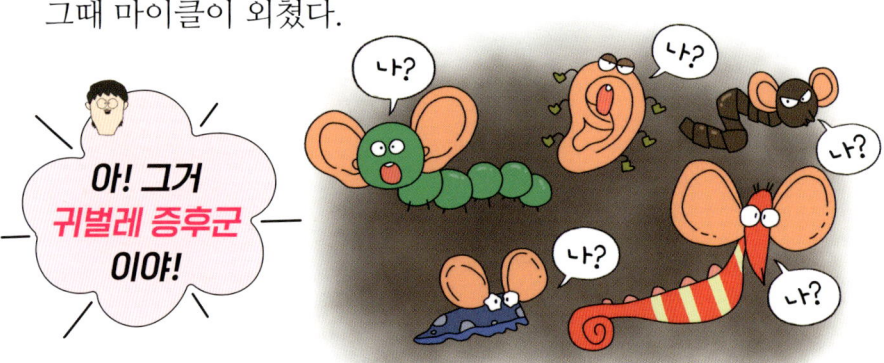

아! 그거 **귀벌레 증후군** 이야!

귀벌레 증후군?

응. 어떤 노래를 듣고 그 노래가 계속 귓가에 맴도는 현상이 마치 귓속에 벌레가 있는 것 같다고 해서 '귀벌레 증후군'이라고 부른대. 이런 현상 때문에 수능을 앞둔 수험생들에게는 중독성 높은 노래를 금지곡으로 지정해야 한다고 주장하는 사람들도 있대. 그 '수능 금지곡' 목록에 원룸소년단의 〈월세가 밀렸어〉도 있었어.

봉대가 부러운 듯 중얼거렸다.

 나도 뚱순이 누나가 부르는 노래 매일 듣고 싶다.

 그러다 너도 시험 망치면 어쩌려고! 계속 귓가에서 월세가 밀렸다고 하니까 그 월세를 내가 대신 내 주고 싶다는 생각까지 들었다니까!

내가 내 줄게. 뚱순이 누나, 월세가 얼마래?

 야, 다이아수저! 누나가 밀릴 월세가 어딨냐? 집에서 엄마 아빠랑 같이 사는데! 정신 차려~!

나는 집에 와서 귀벌레 증후군에 대해 찾아보았다.

귀벌레 증후군은 **스트레스**나 **긴장**을 해소하기 위해 나타나는 우리 **뇌의 작용** 중 하나라고 한다.

 아~, 시험을 볼 때 긴장하니까 귓가에 노래가 더 맴돌았던 거구나!

그런데 이런 귀벌레 증후군이 심해지면 집중력이 떨어지고 밤에 잠도 못 자게 된다고 한다.

최근에는 기술이 점점 발달하면서 음악을 접하기 쉬워지자 귀벌레 증후군을 경험하는 사람들이 늘어났다고 한다. 나는 귀벌레 증후군을 경험한 사람들이 어떤 음악을 듣고 이런 현상을 겪게 되는지 궁금해서 찾아보았다.

그리고 귀벌레 증후군 증상이 나타나는 노래의 특징을 알게 되었다.

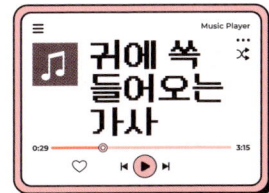

좋았어!
빠르고 반복적인 리듬의 노래로 복수해 주겠어! 김뚜순, 각오해라~!

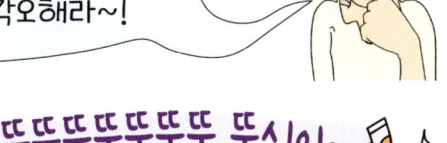

귀벌레 여러 마리가 득실득실거리도록 큰 소리로 계속 불러 줄 테다!

귀벌레 증후군에 대해 알아보다가 우리 뇌에 대해 알게 된 사실이 있다. **우리가 음악을 듣는 동안 뇌가 엄청 바쁘게 움직인다는 것이다.** 우리가 음악을 들으면 **전두엽**은 음악이 좋은지 판단하고, **후두엽**은 음악에 대한 감상을 시각적으로 떠올린다고 한다.

가사가 있는 노래를 들을 때는 가사를 읽으며 **언어 중추**까지 움직인다고 하니 뇌는 엄청 바쁠 거다.

그런데 여기서 공부까지 하게 되면 뇌는 얼마나 더 바빠질까? 전두엽, 후두엽, 언어 중추가 바쁘게 일하고 있는데, 공부까지 하라고 하면 뇌에게는 정말 중노동일 거다!

며칠 뒤, 우리는 봉대네 집에 모여서 공부를 했다. 나는 열심히 공부를 하다가 화장실이 가고 싶어졌다.

그래서 효과는 있었나요?

그럼~, 우리 봉대를 보렴. **호호호호**

봉대는 좋은 친구다. 외계어도 할 줄 알아서 외계인과 대화도 할 수 있다. 그러면 머리가 좋은 거라고 해야 하나? 어렵다······.

한 연구에서는 모차르트의 음악이 머리가 좋아지는 효과가 있다고 했고, 다른 연구에서는 효과가 없다고 했다. 그런데 효과가 있다고 발표한 연구에서 눈여겨볼 것은 모차르트를 좋아하는 사람이 모차르트의 음악을 들었을 때는 확실히 효과가 있다는 것이다.

모차르트를 좋아하는 사람이 모차르트의 음악을 들었을 때는 확실히 효과가 있다고 하니, 어떤 음악이든 듣고 기분이 좋아진다면 긍정적인 영향을 주는 것은 분명하다.

좋아하는 음악을 듣고 기분이 좋아진 후 즐거운 마음으로 공부를 시작해 보는 건 어떨까? 귀벌레 증후군이 걱정된다면 가사가 없는 음악을 추천한다.

뚜식이의 호기심 탐구 일지

초등학교 때 친구들과 함께 <한국을 빛낸 100명의 위인들>이라는 노래를 즐겨 불렀다. 그 노래 가사를 외웠더니 우리나라 역사에서 중요한 인물과 사건이 기억에 오래 남았다. 그러고 보니 무언가를 외울 때 리듬을 붙여 노래처럼 외운 적이 많다. 구구단과 알파벳도 리듬을 붙여서 외운 덕분에 지금도 술술술 외울 수 있다.

혹시 음악과 기억력에 어떤 관계가 있는 걸까?

나이가 들면 기억력이 떨어지는데, 음악에 대한 기억은 그대로 남을 수 있다고 한다. **'알츠하이머병'**은 기억력이 줄어드는 병이다. 그런데 이 병을 앓고 있는 사람도 과거에 좋아했던 음악은 구별할 수 있다고 한다.

어? 이건 우리 아버지와 함께 부르던 노래야.

탐구 날짜	2025년 7월 2일	참가자	김뚜식
탐구 주제	음악과 기억력의 관계		

음악을 들으면 기억과 학습에 중요한 역할을 하는 **해마**와 **전두엽**이 활발해지고 신경전달물질인 **도파민**의 분비도 촉진된다고 한다. **음악의 리듬**과 **멜로디**가 뇌의 활동을 증진시키는 것이다.

음악을 듣는 것뿐만 아니라 악기를 연주하거나 노래를 부르는 것도 뇌를 자극하여 기억력을 향상시킨다. 그리고 음악은 즐거운 경험과 연결되는 일이 많기 때문에 그 기억이 더욱 강력하게 남는 것이라고 한다.

이슬기 소장님과 함께하는 과학 이야기!

TV도 보고 공부도 하고?

과학 호기심: TV를 보면서 공부하면 안 되나요?

저의 대답은 "네!"입니다. 공부에는 한 번에 두 가지 일을 처리하는 멀티태스킹 능력이 없어요. 뇌는 용량이 제한되어 있어서 동시에 두 가지 일을 할 경우 각각의 일에 일정한 양의 주의력을 사용하게 됩니다. 이때 **시각, 청각, 촉각 등은 서로 다른 주의력 영역을 사용**하지요.

예를 들어, TV를 보고 듣는 것은 시각과 청각 주의력이 담당하므로 어려움이 없어요. 하지만 **영어 단어를 외우면서 TV를 보는 것은 둘 다 시각 주의력 담당**이기 때문에 집중하기가 어려워요. 이러한 주의력을 **분리 주의력**이라고 해요. 휴대폰을 많이 사용할수록 주변 상황을 파악하기 위해서 분리 주의력이 약해져요. 분리 주의력이 약해지면 충동적이고, 단기적 보상에 집착하게 되어 공부에 집중하기가 어렵답니다. 그래서 뇌가 발달 중인 청소년 시기에는 휴대폰 사용 시간을 줄이고 공부하기 좋은 환경을 만드는 게 중요해요.

우리는 호기심 남매!

과학 호기심 노래를 들으면서 공부하면 안 되나요?

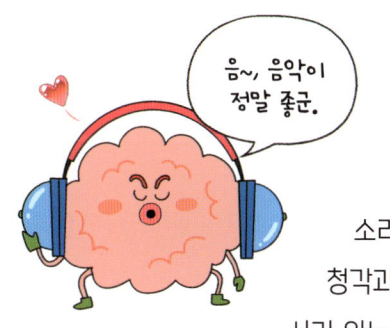

TV를 보면서 공부를 할 때와 마찬가지로 우리의 뇌는 같은 정보를 동시에 처리하는 능력이 없기 때문에 시각 정보를 동시에 처리하기 어렵습니다.

소리만 나오는 클래식을 들으면서 책을 보는 것은 청각과 시각 정보를 요구하기 때문에 가능하지만, 가사가 있는 노래를 들으면서 책을 볼 경우 **노래 가사와 책의 글씨를 처리하는 '글자' 정보끼리 충돌**하기 때문이지요.

동일한 자극을 동시에 처리할 때 뇌는 **병목 현상**(bottleneck effect)을 겪게 됩니다. 병목 현상이란 물을 부어야 하는데, 병의 입구가 좁아서 물을 한 번에 조금씩 흘려 넣어야 하는 상황을 말해요. 즉, **빠르게 내용을 습득할 수 없는 현상**을 가리키죠.

병목 현상이 나타나는 이유는 우리 뇌가 한 번에 처리할 수 있는 단기 기억의 용량이 매우 작기 때문이에요. 따라서 가사가 있는 노래를 들으며 공부를 하면 제대로 기억에 남지 않는 거지요. 그래도 '나는 공부할 때 꼭 노래를 들어야 해!'라고 한다면, 가사가 없는 클래식이나 피아노곡을 추천합니다.

나를 성장시키는 경쟁 심리

이슬기 소장님과 함께하는 과학 이야기!

과학 호기심 : 필기도, 공부도 잘하려면?

필기도 잘하고 공부도 잘하는 친구를 부러워한 적 있나요? 노르웨이의 대학 교수인 오드리 판 데르 메이르(Audrey van der Meer)는 대학생들에게 뇌파(EEG) 센서를 머리에 쓰게 한 다음, 화면에 나타나는 단어를 손으로 쓰거나 키보드로 타이핑하게 하면서 뇌의 전기 신호를 측정했어요. 한 그룹은 **디지털 펜으로 터치스크린에 직접 필기**를 했고, 다른 그룹은 **키보드를 눌러서 글자를 입력**했지요. 그 결과, 놀랍게도 **손으로 글을 쓸 때 뇌의 연결 패턴이 키보드로 타이핑할 때보다 훨씬 더 정교**하다는 사실이 나타났어요.

손글씨를 쓸 때 *인지 능력과 판단력에 관련된 우리 뇌의 두정엽과 뇌 중심부에 있는 신경망이 더 긴밀하게 연결되었던 것이지요.

특히, 펜을 사용할 때 손을 제어하는 동작이 공부하면서 습득한 지식을 강화하는 데 도움을 준다고 합니다.

필기도, 공부도 잘하는 친구가 부럽다면, 그 친구의 필기 공책을 참고해서 나만의 필기 방법을 연구해 보세요! 필기가 하나의 공부 방법이 될 거예요.

*인지 능력: 사물을 분별하여 인지할 수 있는 능력.

우리는 호기심 남매!

과학 호기심: 건강하게 경쟁하는 방법

공부 잘하는 친구가 부러워서 성적으로 그 친구를 이기고 싶어한 적 있나요? 우리가 학교생활을 하면서 친구에게 느끼는 **경쟁심은 나쁜 감정이 아니에요.** 심리학에서는 경쟁이 목표를 세우고, 열심히 노력하게 만드는 좋은 힘이 될 수 있다고 말합니다.

운동선수들이 서로 기록을 겨루면서 더 빨리 달리고, 더 높이 뛸 수 있는 것처럼 친구와의 경쟁도 나의

시험 점수를 높이는 데 도움이 될 수 있어요. **중요한 건 경쟁의 방향입니다.** 친구와 비교하면서 '나는 왜 못하지?'라고 생각하면 속상하지만, '친구처럼 나도 잘해야지!'라고 생각하면 친구의 장점을 배우게 되지요.

나도 할 수 있다!

또한, **자신과의 경쟁도 중요**합니다. 지난주에 단어를 10개 외웠다면, 이번 주에는 15개 외워 보세요. 나만의 목표를 달성하다 보면, 자신감을 키울 수 있어요. 경쟁심을 느낄 때는 친구의 장점을 배우고, 어제의 나와 오늘의 나를 비교하면서 노력하는 과정을 소중하게 생각해 보세요. 친구와 함께 더 멋진 사람으로 성장할 수 있을 거예요.

일곱 번째 일기

공부를 하려고 하면 왜 정리가 하고 싶을까?

아침부터 **엉망진창**이다.

어제 방 정리를 하느라 물건이 뒤죽박죽 섞여서 새로 산 공책을 도무지 찾을 수가 없었다. 결국 공책을 사기 위해 남은 용돈을 다 쓰고 지각할까 봐 학교까지 뛰어야 했다.

수업이 끝나고 방 정리를 하기 위해 곧바로 집에 왔다.

 뚜식아, 오늘은 공부 말고 방 정리부터 하자!

 네~!

방문을 여는 순간, 한숨이 나왔다.

휴~, 이걸 다 언제 정리하지? 차라리 공부하고 싶다.

그때 휴대폰이 부르르 울렸다.

스터디카페 가서 공부할 사람?

나는 곧바로 가방을 챙겨 밖으로 나갔다.

스터디카페 앞에서 친구들이 기다리고 있었다.

 뚜식아! 너, 오늘 집에서 할 일 있다고 하지 않았어?

 방 정리 좀 하려고 일찍 갔는데, 갑자기 공부가 너무 하고 싶어서 왔어.

헤헤

내 말을 듣고 마이클이 말했다.

엥? 신기하네. 난 공부하려고 하면 정리가 하고 싶던데.

하하하! 사실은 어제 시험공부를 하려고 책상에 앉았는데, 갑자기 정리가 너무 하고 싶은 거야. 그래서 먼저 책상 정리를 한 다음, 방 정리를 하려고 모든 물건을 꺼내 바닥에 뒀더니 이제 공부가 하고 싶어지는 거 있지?

옆에서 듣고 있던 동만이가 말했다.

완전 **청개구리**네.

맞네. 청개구리 효과! 사람들은 하라는 말을 들으면 괜히 하기 싫고, 오히려 하지 말라고 하면 더 하고 싶어진대. 그래서 **청개구리 효과**라고 부른다고 했어.

또, 만나지 말라고 하면 더 만나고 싶어 하는 **로미오와 줄리엣 효과**도 있대.

우리는 스터디카페에 들어가서 자리를 잡았다.

동만이가 부스럭거리며 가방에서 무언가 꺼냈다.

 동만아, 뭐 하려고?

 계획표 만드려고. 시험이 얼마 안 남았으니까 계획을 잘 세워야지. 눈에 잘 띄게 스티커랑 펜도 색깔별로 챙겨 왔어. 뚜식이 너도 빌려줄까?

동만이는 그렇게 집에 갈 때까지 계획표 만드는 작업에 몰두했다. 역시 공부를 하려고 하면 자꾸 뭔가 해야 할 일이 떠오르는 것 같다.

그때 똑똑 문을 두드리는 소리가 들렸다.

 뚜식아, 이제 자야지. 정리하느라 힘들었겠다.

시간을 보니 밤 10시 45분.
조금만 더 정리하면 끝날 것 같았다.

1시간 뒤

초인적인 집중력을 발휘하여 정리를 마무리했다. 이제 내 방에는 나에게 꼭 필요한 물건들만 남게 되었다. 게다가 그 물건들은 모두 제자리를 찾아 잘 정돈되었다. 깨끗한 방을 보니 정말 뿌듯했다.

만세, 다 끝났다.

그 소리를 듣고 뚜순이 누나와 엄마가 내 방에 들어왔다.

 어머 세상에! 우리 뚜식이 정말 대단하다!

엄마는 내 방을 둘러보며 감탄을 하셨다.

그때 뚜순이 누나가 기분 나쁜 웃음을 지으며 말했다.

 엄마, 제 말이 맞죠? 뚜식이는 청개구리처럼 반대로 한다니까요.

 그러게~.

"아, 그래서 엄마가 방 정리는 나중에 하고 공부를 먼저 하라고 하신 거구나."

어머니, 방을 깨끗하게 정리했으니 이제는 공부하기 좋은 환경을 만들어 볼까 합니다. 책상 위치도 좀 옮기고요.

그래, 주말에 아빠랑 같이 옮겨 보자!

시험이 끝나고 주말이 되었다.

나는 인터넷에서 '공부방 꾸미기 방법'을 찾아 아빠와 함께 도전했다. 책상과 침대의 위치를 바꾸었더니, 내 방이 마치 새 방처럼 느껴졌다.

공부방 꾸미기 방법

1. **북쪽, 동북쪽에 위치하기!** 햇볕이 잘 들지 않는 곳에 위치해야 차분하고 안정적인 공간을 만들 수 있다.
2. **책상은 문을 등지지 않기!** 책상이 문을 등지고 있으면 불안감이 커지므로, 방 입구를 향하거나 문의 측면에 두는 것이 좋다.
3. **책상 위에는 필요한 것만!** 책상 위에는 그날 공부할 책만 둔다. 다른 물건은 시선을 분산시켜 집중력을 떨어뜨린다.
4. **침대는 책상과 멀리 두기!** 공부를 하다 피곤할 때 침대를 보면 잠의 유혹에 빠지기 쉽기 때문에 침대는 책상에서 먼 곳에 둔다.
5. **벽지는 차분한 색깔로!** 차분한 색깔에 단순한 무늬의 벽지가 공부에 도움이 된다.

"공부방은 집중력을 높이고 안정감을 주도록 꾸미는 게 중요해."

아빠가 내 방을 둘러보며 말씀하셨다.

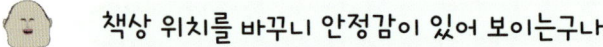 책상 위치를 바꾸니 안정감이 있어 보이는구나!

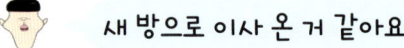 새 방으로 이사 온 거 같아요.

아빠가 내 어깨에 손을 얹으며 말씀하셨다.

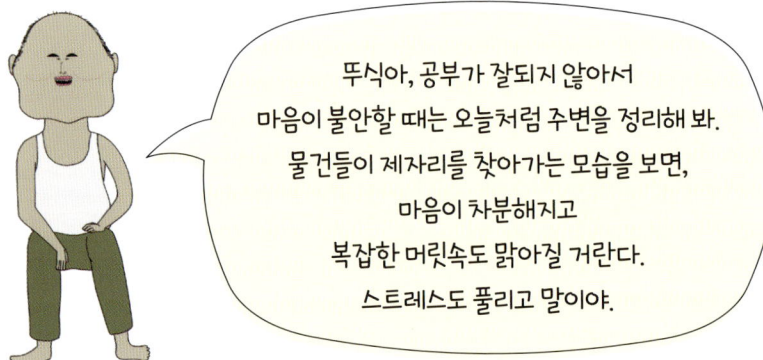

뚜식아, 공부가 잘되지 않아서 마음이 불안할 때는 오늘처럼 주변을 정리해 봐. 물건들이 제자리를 찾아가는 모습을 보면, 마음이 차분해지고 복잡한 머릿속도 맑아질 거란다. 스트레스도 풀리고 말이야.

그때 엄마가 내 방으로 들어오셨다.

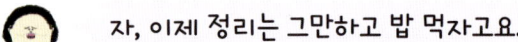 자, 이제 정리는 그만하고 밥 먹자고요.

 네~!

밥을 먹기 위해 식탁에 앉았다.

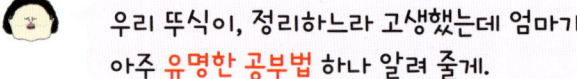 우리 뚜식이, 정리하느라 고생했는데 엄마가 아주 **유명한 공부법** 하나 알려 줄게.

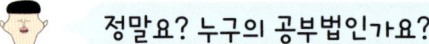 정말요? 누구의 공부법인가요?

# 뚜식이의 엉뚱한 연구 일지

어떤 장소에서 공부를 하면 가장 잘될까? 사람마다 공부가 잘되는 장소는 다르다고 해서 여러 곳을 조사해 보았다.

내 방 "편안한 게 가장 좋아!"

공부는 혼자 하는 게 최고!
내 방에는 공부에 필요한 물건들이 모두 준비되어 있고, 휴식이 필요할 때는 바로 쉴 수 있어서 좋다.

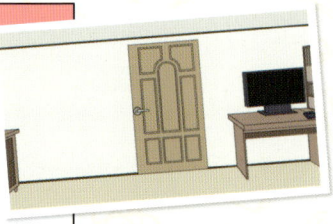

학교·학원 "모르는 걸 질문할 수 있어!"

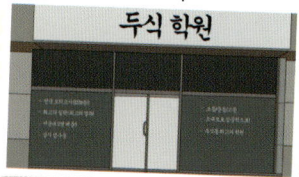

모르는 것이 있을 때 질문할 수 있는 선생님과 친구들이 있어서 좋다. 잘하면 칭찬을 받을 수도 있고 힘들 때는 서로 격려할 수도 있다.

도서관 "조용한 게 최고!"

조용한 도서관에서 공부하면 집중이 잘되고, 공부하는 다른 사람들을 보며 나도 열심히 하고 싶은 의욕이 생겨서 좋다.

연구 날짜	2025년 7월 10일	참가자	김뚜식
연구 주제	공부가 잘되는 장소		

"함께하는 게 가장 좋아!" 친구네 집

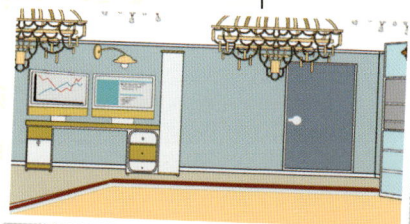

친구들과 함께 공부도 하고 휴식도 할 수 있다. 공부한 내용을 서로에게 퀴즈로 내며 즐겁게 공부하면 공부 효과도 2배가 된다.

"작은 소음이 오히려 집중이 잘돼." 카페

사람들의 대화 소리, 찻잔 부딪히는 소리 등 작은 소음들이 있는 곳에서 공부하면 오히려 집중이 잘된다. 또한 맛있는 음료가 있어서 좋다.

"언제 어디서든 상관없어." 어디든 좋아!

공부에 장소는 중요하지 않다. 언제 어디서든 집중만 하면 된다고 생각하니까. 심지어 버스나 지하철에서도 집중만 하면 문제없다.

여덟 번째 일기

내 머릿속 지우개

나는 '**디지털 기억 상실증**'에 대해 좀 더 알아보았다. 디지털 기억 상실증이란, 우리가 인터넷을 사용하여 온라인에서 쉽게 찾을 수 있는 정보를 쉽게 잊어버리는 현상이라고 한다.

우리가 인터넷에 너무 의존한 나머지 기억력이 점점 나빠지는 현상을 말하는 거구나!

어? 우리 엄마, 아빠 휴대폰 번호가 뭐였지?

그러고 보니, **친구들 휴대폰 번호도 떠오르지 않았다.** 내 휴대폰에 저장돼 있기 때문에 외울 필요가 없었으니까. 이러다 휴대폰이 사라지기라도 하면 어떡하지?

기억력을 지킬 수 있는 방법은 없을까?

우리 **뇌로 들어온 정보**는 잠깐 기억되었다가 **장기 기억**으로 바뀌는데, 이때 뇌가 에너지를 아끼기 위해 장기 기억으로 바뀔 중요한 정보만 골라낸다고 한다.

넌 장기 기억으로 가!

넌 중요한 기억이 아니니까 여기 남아.

다양한 기억들

뇌

그 과정에서 뇌가 중요하다고 판단하지 않은 정보는 장기 기억으로 남기 어렵다.

그래서 공부한 내용을 잊지 않으려면, '이 부분은 중요해!', '이건 꼭 외워야 해!' 하며 우리 뇌가 중요하다고 생각할 수 있도록 계속 되뇌어 주어야 한다.

이렇듯 기억은 **근력 운동**과 비슷해서 반복적으로 공부하면 결국에는 **뇌에 깊은 인상**을 남기게 된다.

정보를 오래 기억하는 방법 중에는 **에피소드(이야기) 기억법**도 있다. 내가 경험한 체험이나 추억과 관련지어 정보를 기억하는 방법이다.

나도 이런 일을 경험한 적이 있다.

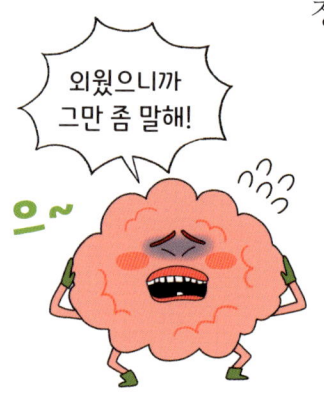

나중에 물어보니 정작 서연이 누나는 그 드라마를 기억도 못해서 조금 실망했지만, 상관없다.

내가 기억하면 되니까.

에피소드 기억법만큼 좋은 기억법이 또 있다. 정보를 외울 때 소리 내어 뇌를 자극하는 방법이다.

초등학생을 대상으로 한 어느 실험에서 조용히 단어를 외운 아이들은 2분 동안 8개 정도의 단어를 외웠지만, 소리 내어 단어를 읽으며 외운 아이들은 2분 동안 10개의 단어를 외웠다고 한다.

나는 이 방법을 실험해 보기 위해 다음 날 친구들과 함께 내기를 했다.

얘들아! 우리, 팀을 나눠서 어느 팀이 영어 단어 많이 외우나 시합할래? 진 팀이 떡볶이 사기!

 좋아, 벼락치기로 영어 단어 외우는 건 자신 있지!

마이클이 자신 있게 나섰다.

가위바위보로 팀을 정해 나랑 동만이, 봉대랑 마이클이 한 팀이 되었다. 나는 같은 팀인 동만이에게만 귓속말로 살짝 요령을 알려 줬다. 그래서 동만이도 나처럼 소리를 내어 읽으며 단어를 외웠다.

하지만, 결과는 봉대와 마이클 팀의 승리!

알고 보니 마이클이 평소에 단어를 외우는 방법도 소리 내어 읽으면서 외우는 거였다. 이 방법에 훈련이 된 마이클에게 유리한 시합이었다.

수를 계산할 때도 계산 과정을 소리 내어 말하면 더 빠르게 계산할 수 있다고 한다. 그리고 글을 읽을 때 이해가 잘 되지 않는 내용도 소리 내어 읽으면 훨씬 이해가 잘되고 기억에 오래 남는다고 한다.

70세가 넘으신 할아버지, 할머니도 소리 내어 글을 읽거나 소리 내어 간단한 계산을 하는 훈련을 했더니 뇌의 기능이 좋아졌다는 뉴스 기사도 찾아볼 수 있었다.

좋았어! 그럼 오늘부터 우리 할아버지의 뇌가 젊어지도록 도와 드려야겠다.

소리를 내어 읽으면 더 효과적!

할아버지, 저랑 함께 뇌가 젊어지는 훈련을 해 보실래요?

그 말에 할아버지가 관심을 보이셨다.

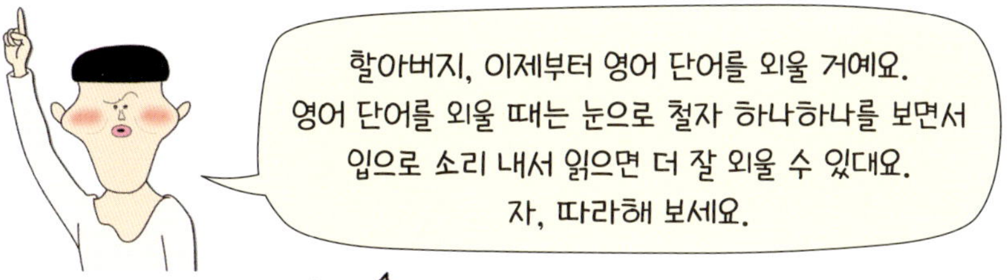

할아버지, 이제부터 영어 단어를 외울 거예요. 영어 단어를 외울 때는 눈으로 철자 하나하나를 보면서 입으로 소리 내서 읽으면 더 잘 외울 수 있대요. 자, 따라해 보세요.

플라이(fly), 플라이, 플라이, 날다!

플라이, 플라이, 플라이, 날다!

퍼니(funny), 퍼니, 퍼니, 재미있는!

퍼니, 퍼니, 퍼니, 재미있는!

할아버지, 저랑 같이 영어 단어를 외워 주셔서 감사해요.

 내가 고맙지. 우리 뚜식이 덕분에 내 뇌도 젊어진 것 같아.

그때, 엄마가 주방에서 나오셨다.

엄마, 수를 계산할 때도 소리 내어 계산하는 훈련을 하면 뇌의 기능이 좋아진대요.

그 말을 들은 엄마가 방에서 무언가를 가지고 나오셨다.

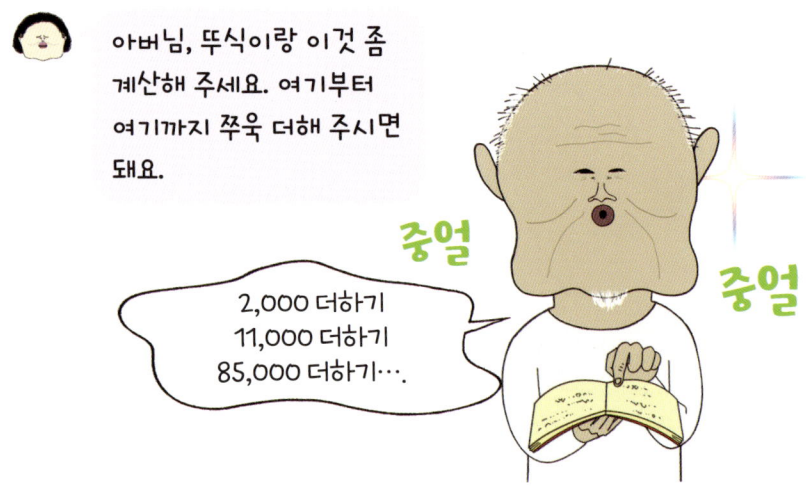

 그런데, 이거 우리 집 가계부 아니니?

→ 수입과 지출을 적는 장부

네, 맞아요. 아버님이랑 뚜식이가 이번 달 생활비 좀 모두 더해 주세요. 뚜식이가 새 운동화를 사 달라고 하도 조르는 바람에 이번 달 생활비가 얼마나 많이 나왔는지 알려 주려고요.

 ……

나는 조용히 방으로 들어왔다.

뚜식이의 호기심 연구 일지

기억력에 도움이 되는 음식을 알아보았다.
앞으로 이 음식들을 꾸준히 먹고 열심히 공부하기로 결심했다.

초콜릿

달콤한 초콜릿을 먹으면서 공부하면 집중력이 올라가 공부한 내용을 잘 기억할 수 있다. 하지만 초콜릿에는 설탕이 많이 들어 있어서 너무 많이 먹으면 건강을 해칠 수 있다. 초콜릿의 원료로 쓰이는 카카오 함량이 높고 설탕이 적게 들어간 것을 골라야 한다.

시금치

시금치에 들어 있는 '엽산'은 기억력을 좋게 하고, 비타민 E와 비타민 K는 뇌의 *인지 능력이 좋아지도록 도움을 준다. 시금치 외에도 브로콜리, 양배추 등의 채소도 기억력 향상에 도움을 준다.

*인지 능력: 사물을 분별하여 인지할 수 있는 능력.

연구 날짜	2025년 7월 15일	참가자	김뚜식
연구 주제	기억력에 도움이 되는 음식		

달걀

달걀은 영양분이 가득한 식품이다. 특히, 노른자에 들어 있는 '콜린'이란 영양소는 주의력과 기억력을 높이는 데 도움을 준다.

사과

사과 껍질에 있는 '케르세틴'이라는 물질은 뇌의 염증을 줄이고 인지 능력을 높여 준다. 그래서 하루에 사과를 한 개씩 먹으면 머리가 맑아지는 효과가 있다. 사과를 먹을 때는 깨끗이 씻어서 껍질째 먹는 것이 좋다.

블루베리

블루베리에 들어 있는 '폴리페놀'이라는 물질은 몸속 염증을 줄이고 뇌 건강을 지켜 준다. 그래서 기억력과 인지 능력이 좋아지는 데 도움이 된다.

오늘 저녁, 우리 가족은 **기억력에 좋은** 달걀과 시금치로 만든 **음식**을 먹기로 했다.

오늘 저녁에 뭘 먹기로 했지?

이슬기 소장님과 함께하는 과학 이야기!

심리적 반발심을 극복하는 방법

과학 호기심 잔소리를 들으면 공부가 더 하기 싫어지는 이유

엄마들은 항상 기막힌 순간에 잔소리를 합니다. 잠깐 쉬다가 '이제 숙제를 해 볼까?'하는 순간, "뚜식아, 숙제 안 하니?"라는 엄마의 잔소리가 들리죠. 그러면 청개구리처럼 숙제를 하고 싶은 마음이 사라지고 오히려 반항하고 싶은 마음이 커집니다. 심리학에서는 이런 현상을 **심리적 반발**(reactance)이라고 하지요. 잭 브렘(Jack Brehm)이라는 학자는 심리적 반발에 대해서 **'개인의 자유가 위협받거나 제한될 때 자유를 되찾고 회복하기 위해서 나타나는 반응'**이라고 설명합니다.

즉, 내가 하고 싶은 일이 아니라 누가 시켜서 해야 할 때 "아, 하기 싫어!"라는 반항심이 생긴다는 겁니다.

심리적 반발심이 생기면 부모님과 관계가 서먹해질 수 있어요. 앞으로는 부모님께 미리 숙제를 시작할 시간을 말씀 드리는 건 어떨까요? 그러면 부모님도 잔소리를 하지 않고 여러분이 책상에 앉을 때까지 기다려 주실 거예요.

앗! 알고 싶어요!

"공부해라!" 잔소리를 안 들을 수 있는 가장 좋은 방법은 미루지 않고 스스로 공부하는 습관을 키우는 것입니다. 잔소리에서 벗어날 수 있는 공부 방법을 알아볼까요?

방법1 직접 공부 목표 정하기

'오늘은 수학 10문제 풀기'처럼 스스로 공부 목표를 세우면 누가 시키지 않아도 공부하고 싶은 마음이 생길 거예요.

방법2 공부를 놀이처럼 만들기

공부를 하나의 게임이라고 생각하고 친구와 영어 단어 시합하기, 정답 맞힐 때마다 스티커 붙이기 등을 실천해 보세요. 공부가 재미있는 미션처럼 느껴질 거예요.

방법3 공부 후 스스로 칭찬하기

공부가 끝나면 "오늘도 해냈어!"라며 스스로를 칭찬해 주세요. 또한 '공부 다 하고 좋아하는 만화 10분 보기'처럼 작은 보상을 만들어 놓으면 공부를 했을 때 좋은 일이 생긴다는 긍정적인 마음이 생길 거예요.

방법4 공부를 하는 이유 생각해 보기

'왜 공부를 해야 할까?'에 대해 생각해 보세요. 나의 꿈인 과학자가 되기 위해서, 또는 친구들과 함께 문제를 풀고 싶어서 등의 이유를 찾다 보면 공부가 의미 있는 일이 될 거예요.

이슬기 소장님과 함께하는 과학 이야기!

기억력에 대한 비밀

과학 호기심: 공부한 내용을 오래 기억하는 법

길에서 우연히 만난 친구의 말이나 표정을 기억했다가 같은 장소를 지날 때 '아, 여기서 친구를 만났었지!'라면서 기억을 떠올리게 됩니다. 이런 일상적인 경험에 공부한 내용을 오래 기억할 수 있는 비법이 숨어 있어요.

우리의 뇌는 보고 들은 모든 것을 있는 그대로 기록하고 저장하지 않아요. 대신 눈앞에 마주한 상황과 *맥락에 맞게 기억하지요. **기억을 저장할 때 중요한 맥락까지 함께 저장되는 현상**을 **맥락 부호화**(context encoding)라고 해요.

1975년에 영국의 심리학자 던컨 고든(Duncan Godden)과 앨런 배들리(Alan Baddeley)는 맥락 부호화와 관련된 실험을 했어요. 잠수부에게 어떤 단어는 땅 위에서, 또 다른 단어는 물속 깊은 곳에서 외우게 했지요. 그리고 땅 위에서 한 번, 물속에서 한 번씩 단어 시험을 보았는데 놀랍게도 잠수부는 땅에서 외운 단어는 땅에서, 물속에서 외운 단어는 잠수한 상태에서 더 잘 기억했어요. 이 실험은 **기억력이 상황과 맥락에 따라 변할 수 있다는 사실**을 보여 줘요.

*맥락: 사물 따위가 서로 이어져 있는 관계나 연관.

앗! 알고 싶어요!

이와 비슷한 실험으로 학생들을 두 그룹으로 나눠 첫 번째 그룹은 시끄러운 곳에서, 두 번째 그룹은 조용한 곳에서 공부를 시킨 다음 두 장소에서 모두 시험을 보게 했어요. 그 결과, 두 그룹 모두 자신이 공부한 환경에서 시험을 더 잘 보았지요. 이 실험으로 우리는 **기억을 떠올릴 때, 그때의 환경과 비슷한 곳일수록 기억을 더 잘 떠올린다**는 것을 알 수 있어요.

맥락 효과를 활용하면 공부한 내용을 더 오래 기억할 수 있어요. 공부할 때 풀었던 문제와 비슷한 형태의 문제가 나오면 성적이 더 좋은 것도 이 때문이지요. 교실과 비슷한 환경인 도서관에서 공부하거나, 시험 문제와 비슷한 형태의 기출 문제집을 풀면 시험을 볼 때 공부한 내용이 더 잘 떠오르겠죠?

맥락 부호화 현상은 좋은 습관을 형성하는 데에도 활용할 수 있어요. 침대에서 휴대폰을 보지 않고 잠만 자거나, 책상에 앉아서 공부만 해 보세요. 그러면 뒤척이지 않아도 금방 잠이 들고, 책상에 앉아도 놀 생각을 하지 않게 될 거예요.

뚜식이의 과학일기

진짜 공부 VS 가짜 공부

뚜식이 과학 신문

진짜 공부 VS 가짜 공부 능력 평가

뚜식이 과학 신문 - 흥미로운 과학 이야기 ①

저도 다 이유가 있다고요….

뚜식이가 숙제를 안 하는 이유 밝혀져!

미국의 심리학자 마틴 셀리그먼(Martin Seligman)은 **학습된 무기력 증상**을 연구했어요. 그는 강아지들을 ① **편안한 환경에 놓인 그룹**, ② **버튼을 눌러 전기 충격을 멈출 수 있는 그룹**, ③ **전기 충격을 스스로 멈출 수 없는 그룹**으로 나누어 실험을 했어요.

그다음, 모든 강아지들을 작은 허들만 넘으면 전기 충격을 피할 수 있는 방에 넣었지요. 그러자 놀랍고도 안타까운 상황이 펼쳐졌어요.

①번, ②번 그룹의 강아지들은 허들을 넘어 전기 충격을 피했지만, ③번 그룹의 강아지들은 허들을 넘으려는 시도조차 하지 않고 바닥에 웅크려 통증을 참아 냈어요. ③번 그룹의 강아지들은 이전의 경험으로 **자신이 노력해도 상황을 바꿀 수 없다는 '무력감'을 학습**했기 때문에 허들을 넘으려는 시도를 하지 않은 거예요. 이 실험으로 **반복적으로 통제 불가능한 환경에 놓이면 벗어나려는 노력조차 하지 않게 된다**는 '학습된 무기력'이라는 개념이 밝혀졌어요.

학교에서 실패한 경험 때문에 무력감에 빠져 숙제를 할 능력이 있어도 시도하지 않는 것 또한 학업 슬럼프, 즉 학습된 무기력의 증상이라고 할 수 있지요.

뚜식이 과학 신문 - 흥미로운 과학 이야기 ②

멍 때리기에도 이유가 있다!

수업 시간에 멍하게 있다가 선생님 말씀을 놓친 적 있나요? 뇌과학에서는 '멍 때림'을 *각성도가 낮아졌을 때 발생하는 증상으로 봐요. 적절한 각성도는 주의력을 발휘하기 위한 필수 요소이지요.

아침에 막 일어나서 멍한 상태를 '저각성 상태'라고 해요. 피곤하거나 졸릴 때 각성 수준이 낮아지는데, 이때 중요한 정보를 놓치거나 잘못된 결정을 하기 쉬워요. **각성도가 낮아지면 심장이 느리게 뛰고 자율신경계의 활동성이 낮아져요.** 그래서 각성 수준이 낮으면 공부에 집중이 안 되고, 단어 하나를 외우는 데에도 오래 걸리는 것이지요.

멍한 상태에서 벗어나기 위해서는 **적당한 양의 초콜릿**을 먹는 게 좋아요.

우리 뇌는 포도당을 연료로 사용하기 때문에 달콤한 초콜릿이 각성도를 유지하는 데 도움을 준답니다. 또한 **환기하고 몸을 움직이는 것**만으로도 각성도를 올릴 수 있어요. 혹시 공부하다가 멍 때리게 되면 창문을 활짝 열어 보세요!

뚜식이 과학 신문-흥미로운 과학 이야기③

스마트폰의 두 얼굴

발달심리학자 패트리샤 그린필드(Patricia Greenfield)는 새로운 미디어가 학습에 미치는 영향에 대해 모든 미디어는 특정 *인지적 기술을 희생하는 대신 다른 인지적 기술을 발달시킨다고 했어요.

우리는 손가락으로 화면을 터치하면서 *시공간 능력이 더 발달했어요.  유아기부터 스마트폰을 사용하면 새로운 기기를 더 잘 다루고, 복잡한 계산도 능숙하게 해결할 수 있지요. 반면, 상상하거나 깊이 생각하는 일에는 집중력이 약해졌어요.

뇌과학자들은 반복되는 행동에 따라 뇌의 연결 패턴이 달라지는 것을 '**신경가소성**'이라고 해요. 스마트폰의 지속적인 사용은 뇌세포 연결에 영향을 줘요. **멀티태스킹**을 하는 뇌의 회로가 확장되는 반면, 글을 읽거나 생각하는 데 사용되는 회로가 약화되기 때문이에요.

  두 얼굴을 가진 스마트폰은 자극적인 것을 추구하기 때문에 ***전두엽**이 성숙되지 않은 청소년 시기에는 사용 시간을 정해 놓는 게 좋아요.

 용어 알아보기
- 각성도: 깨어 있고 자극에 반응할 준비가 된 정도.
- 인지적 기술: 인지 능력을 특정 상황에서 실제로 적용하는 기술.
- 시공간 능력: 물체나 공간의 위치, 형태 등을 인지하는 능력.
- 전두엽: 대뇌의 앞부분으로 절제력을 담당함.

뚜식이 과학 신문 - 흥미로운 과학 이야기 ④

금방 잊어버리는 기억력, 이대로 괜찮은가!

"비밀번호가 뭐더라?"

방금 만든 비밀번호가 생각이 안 난 적 있나요? 도대체 왜 방금 본 숫자가 기억나지 않는 걸까요? 우리의 기억은 오랜 기간 저장되어서 언제든지 활용할 수 있는 **장기 기억**과 바로 듣거나 본 내용만 기억하는 **단기 기억**으로 나뉩니다.

단기 기억은 **현재 사용 중이면서 활성화되고 있는 기억**이라는 의미에서 **작업 기억력**(working memory)이라고도 하지요. 인터넷 본인 인증 과정에서 휴대폰으로 전송된 여섯 자리 인증 번호를 기억할 때 사용하는 것이 바로 작업 기억력이에요. 작업 기억은 **당장 해야 할 일을 위해서 단기적으로 활용**되기 때문에 우리의 머릿속에서 금방 사라집니다.

그래서 아침에 만든 비밀번호도 저녁이 되면 생각나지 않는 거지요.

벽락치기로 공부한 내용도 단기 기억이기 때문에 금방 잊어버려요. 공부한 내용을 오래 기억하고 싶다면, **반복 학습**을 추천합니다.

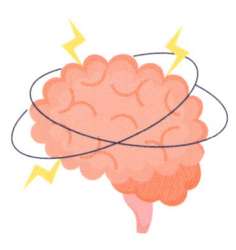

뚜식이 과학 신문-흥미로운 과학 이야기⑤

그는 과연 행복했을까?

모든 것을 기억할 수 있다면 행복할까?

20세기 초 러시아에 **솔로몬 셰레셰프스키**(Solomon Shereshevsky)가 살았어요. 그는 한 번 들은 정보를 머릿속에서 이미지와 *감각으로 저장하는 특별한 능력이 있었지요.

셰레셰프스키는 신문 기자로 일할 때, 여러 사람의 이름과 주소를 메모하지 않고도 모두 기억했어요. 심리학자 **알렉산드르 루리아**(A.R. Luria)는 그의 놀라운 기억력에 주목해 오랫동안 그를 연구했지요. 셰레셰프스키는 한 번 들은 수십, 수백 개의 단어나 숫자를 몇 년이 지나도 그대로 외웠으며, 단테의 *『신곡』 구절을 15년이 지난 후에도 정확히 *암송했지요. 그러나 **모든 것을 기억한다는 것이 큰 축복만은 아니었어요.**

그는 너무 많은 정보가 떠올라 *추상적인 개념을 잘 이해

하지 못했고, 슬픈 기억조차 잊을 수 없어 힘든 시간을 보냈다고 합니다.

여러분은 모든 것을 기억할 수 있는 능력이 있다면, 어떨 것 같나요?

용어 알아보기

- 감각: 눈, 코, 귀 등으로 바깥의 어떤 자극을 알아차림.
- 『신곡』: 이탈리아의 시인 단테가 지은 서사시.
- 암송: 글을 보지 않고 입으로 욈.
- 추상적: 직접 경험할 수 있는 일정한 형태와 성질을 갖추고 있지 않은 것.

뚜식이의 과학 일기 | 진짜 공부 VS 가짜 공부 |

[1교시]
능력 평가 문제지

1. **[기억력]** 뚜식이는 꿈에서 어떤 유령을 만났나요?

① 뚜순이 유령　② 귀벌레 유령
③ 외계인 유령　④ 수학 유령

2. **[과학]** 다음에서 설명하는 이것은 무엇일까요?

> 이것은 자신이 무엇을 알고, 무엇을 모르는지를 판단하는 능력이에요. 자신의 부족한 점을 깨닫고 보완하여 발전할 수 있는 좋은 방법이지요.

（　　　　　）

3. **[기억력]** 빈칸에 알맞은 말을 써 넣으시오.

> 수학 공부는 (　　)을 짓는 것과 비슷해요. 빨리 완성하려고 서두르다가 기초를 튼튼히 쌓지 않으면 완성도 하기 전에 문제가 생길 수 있지요.

（　　　　　）

4. **[기억력]** 뚜식이가 '전설의 공책'이라고 생각한 공책은 누구의 것이었나요?

① 봉대　② 동만이
③ 정석이　④ 뚜순이

뚜식이의 과학 일기 | 진짜 공부 VS 가짜 공부 |

능력 평가 문제지

2교시

1. [과학] 다음에서 설명하는 이것은 무엇일까요?

> 이것은 어떤 노래를 듣고 난 다음 그 노래가 계속 귓가에서 맴도는 현상을 말해요.

(   )

2. [상식] 다음은 누구에 대한 설명일까요?

> ♥ 뚜순이가 좋아하는 그룹의 이름이에요.
> ♥ 노래 <월세가 밀렸어>로 유명해요.
> ♥ 그룹 리더의 이름은 '박천득'이에요.

① 투룸소년단   ② 중2래퍼
③ 원룸소년단   ④ 월요미스테리

3. [과학] 빈칸에 들어갈 알맞은 말을 고르세요.

> (   )의 음악을 들으면 머리가 좋아진다는 '(   ) 효과'가 인기를 끌던 때가 있었어요. 실제로 (   )의 음악을 좋아하는 사람의 경우 효과가 있다고 해요.

① 봉구   ② 모차르트
③ 봉대 엄마   ④ 외계인

4. [기억력] 뚜식이와 친구들은 팀을 나누어 영어 단어 외우기 시합을 했어요. 어느 팀이 이겼나요?

① 뚜식, 동만   ② 뚜식, 봉대
③ 마이클, 봉대   ④ 동만, 마이클

정답은 170쪽에!

능력 평가 정답

1교시

뚜식이의 과학 일기 | 진짜 공부 VS 가짜 공부 |

능력 평가 문제지

1. [기억력] 뚜식이는 꿈에서 어떤 유령을 만났나요?

① 뚜순이 유령
② 귀벌레 유령
③ 외계인 유령
④ **수학 유령** (정답)

2. [과학] 다음에서 설명하는 이것은 무엇일까요?

이것은 자신이 무엇을 알고, 무엇을 모르는지를 판단하는 능력이에요. 자신의 부족한 점을 깨닫고 보완하여 발전할 수 있는 좋은 방법이지요.

(메타인지)

3. [기억력] 빈칸에 알맞은 말을 써 넣으시오.

수학 공부는 ( )을 짓는 것과 비슷해요. 빨리 완성하려고 서두르다가 기초를 튼튼히 쌓지 않으면 완성도 하기 전에 문제가 생길 수 있지요.

(건물)

4. [기억력] 뚜식이가 '전설의 공책'이라고 생각한 공책은 누구의 것이었나요?
① 봉대 ② 동만이
③ **정석이** ④ 뚜순이

2교시

뚜식이의 과학 일기 | 진짜 공부 VS 가짜 공부 |

능력 평가 문제지

1. [과학] 다음에서 설명하는 이것은 무엇일까요?

이것은 어떤 노래를 듣고 난 다음 그 노래가 계속 귓가에서 맴도는 현상을 말해요.

귀벌레 증후군

2. [상식] 다음은 누구에 대한 설명일까요?

♥ 뚜순이가 좋아하는 그룹의 이름이에요.
♥ 노래 <월세가 밀렸어>로 유명해요.
♥ 그룹 리더의 이름은 '박천득'이에요.

① 투룸소년단 ② 중2래퍼
③ **원룸소년단** ④ 월요미스터리

3. [과학] 빈칸에 들어갈 알맞은 말을 고르세요.

( )의 음악을 들으면 머리가 좋아진다는 '( )' 효과가 인기를 끌던 때가 있었어요. 실제로 ( )음악을 좋아하는 사람의 경우 효과가 있다고 해요.

① 봉구 ② **모차르트**
③ 봉대 엄마 ④ 외계인

4. [기억력] 뚜식이와 친구들은 팀을 나누어 영어 단어 외우기 시합을 했어요. 어느 팀이 이겼나요?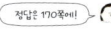

① 뚜식, 동만 ② 뚜식, 봉대
③ **마이클, 봉대** ④ 동만, 마이클

뚜식이의 과학 일기를 만든 사람들

원작 : 뚜식이
일상 속 다양한 상황과 황당하고 기발한 소재를 개성 넘치는 그림체의 애니메이션으로 구성하는 크리에이터입니다.

감수 및 과학 콘텐츠 : 이슬기
서울대학교에서 인지과학 박사를 수료하고, 현재 수인재두뇌과학 분당센터와 잠실센터에서 산만한 아이의 뇌 발달을 돕고 있습니다. 뇌과학, 심리학, 언어학, 철학, 인공지능이 융합된 인지과학을 전공했으며, 인지과학 분야의 이론 및 최신 연구들을 '네이버 부모i' 전문가 섹션 및 강연, 방송 등을 통해 전달하고 있습니다.

글 : 최유성
호기심이 많고 엉뚱한 상상을 좋아합니다. MBC 창작 동화 공모에서 단편 동화 <곤줄박이 관찰 일기>로 대상, 우리교육 어린이책 작가상 창작 부문에서 <다름이의 남다른 여행>으로 대상을 수상하였습니다. 어린이책 전문작가로 활동하고 있으며 <색깔 속에 숨은 세상 이야기> 등을 펴냈습니다.

그림 : 신혜영
대원수퍼만화대상 공모전에 입상하여 작가로 데뷔, 만화잡지 '이슈'에서 작품을 시작하였습니다. 현재 웹툰과 어린이 학습만화를 오가며 다양한 장르의 작품을 통해 독자와 만나고 있습니다. [퀴즈 과학상식] 시리즈와 <신비아파트 틀린그림찾기 사전> <문방구TV 로블록스 코믹툰> 등을 펴냈습니다.

감수 : 샌드박스네트워크
최근 각광받고 있는 MCN 업계의 선두 주자. '크리에이터들의 상상력으로 세상 모두를 즐겁게!'라는 비전을 가지고 크리에이터가 자신의 창의력과 능력을 마음껏 발휘하는 디지털 문화 생태계를 조성하고자 합니다.

구성 및 디자인 : 윤보현
광고 기획 및 디자인을 시작으로 현재는 도서 기획 및 편집 디자인 작업도 함께 하고 있습니다. 스토리를 구성, 편집, 디자인까지 하는 캡처북 작업 등 도서 관련한 폭넓은 활동을 하고 있습니다.

참고 자료

- Elkhonon Goldberg, 《뇌가소성: 뇌는 훈련하면 변화한다 What is Brain-Plasticity?》, 안수정 번역, Brain 저널 (2019)
- Justin James, "Procedural Knowledge: How To Master It Without Memorizing It" (2023)
- D. Kahneman, & A. Tversky, "Intuitive prediction: Biases and corrective procedures" (1979)
- Buehler, Roger Griffin, Dale, "Exploring the 'planning fallacy': Why people underestimate their task completion times" (1994)
- M.E.P. Seligman, S.F. Maier, "Failure to escape traumatic shock" Journal of Experimental Psychology (1967)
- Carol Dweck, 《Mindset: The New Psychology of Success》 (2006)
- Carrie Whitney, Ph.D., "Why Cramming Is the Worst Way to Study" (2024)
- Mihaly Csikszentmihalyi, 《Flow: The Psychology of Optimal Experience》 (1990)
- Audrey van der Meer et al, "Handwriting but not Typewriting Leads to Widespread Brain Connectivity: A High-Density EEG Study with Implications for the Classroom", Frontiers in Psychology (2024)
- Janet Morrison, "Sibling Rivalry as a Superpower: How to Turn Competition Into Collaboration" (2024)
- Tobias Reynolds-Tylus, "Psychological Reactance and Persuasive Health Communication: A Review of the Literature" (2019)
- J. W. Brehm, "A Theory of Psychological Reactance", Academic Press (1966)
- A. Baddeley, "The episodic buffer: a new component of working memory" (2000)

친구들이랑 봉대네 집에 모여서
함께 공부하기로 했다.

우리는 공부하기 전에
준비 운동을 하기로 했다.

오늘부터 나도
열심히 공부해야지!